ELTON JOHN

José Luis Martín

ELTON JOHN

MA
NON
TROPPO

© 2019, José Luis Martín Caperote
© 2019, Redbook Ediciones, s. l., Barcelona

Diseño de cubierta: Regina Richling
Diseño de interior: David Saavedra
Fotografías interiores: APG imágenes
Fotografía de cubierta: Pablo Porciuncula/AFP/Getty Images

ISBN: 978-84-120048-2-3
Depósito legal: B-12.250-2019
Impreso por Sagrafic, Passatge Carsi 6, 08025 Barcelona
Impreso en España - *Printed in Spain*

La familia y los amigos, tienen el poder curativo de eliminar la toxicidad que llevamos dentro, a ellos está dedicado este libro. Somos pocos, pero juntos nos sentimos invencibles.

José Luis Martín

ÍNDICE

PRÓLOGO

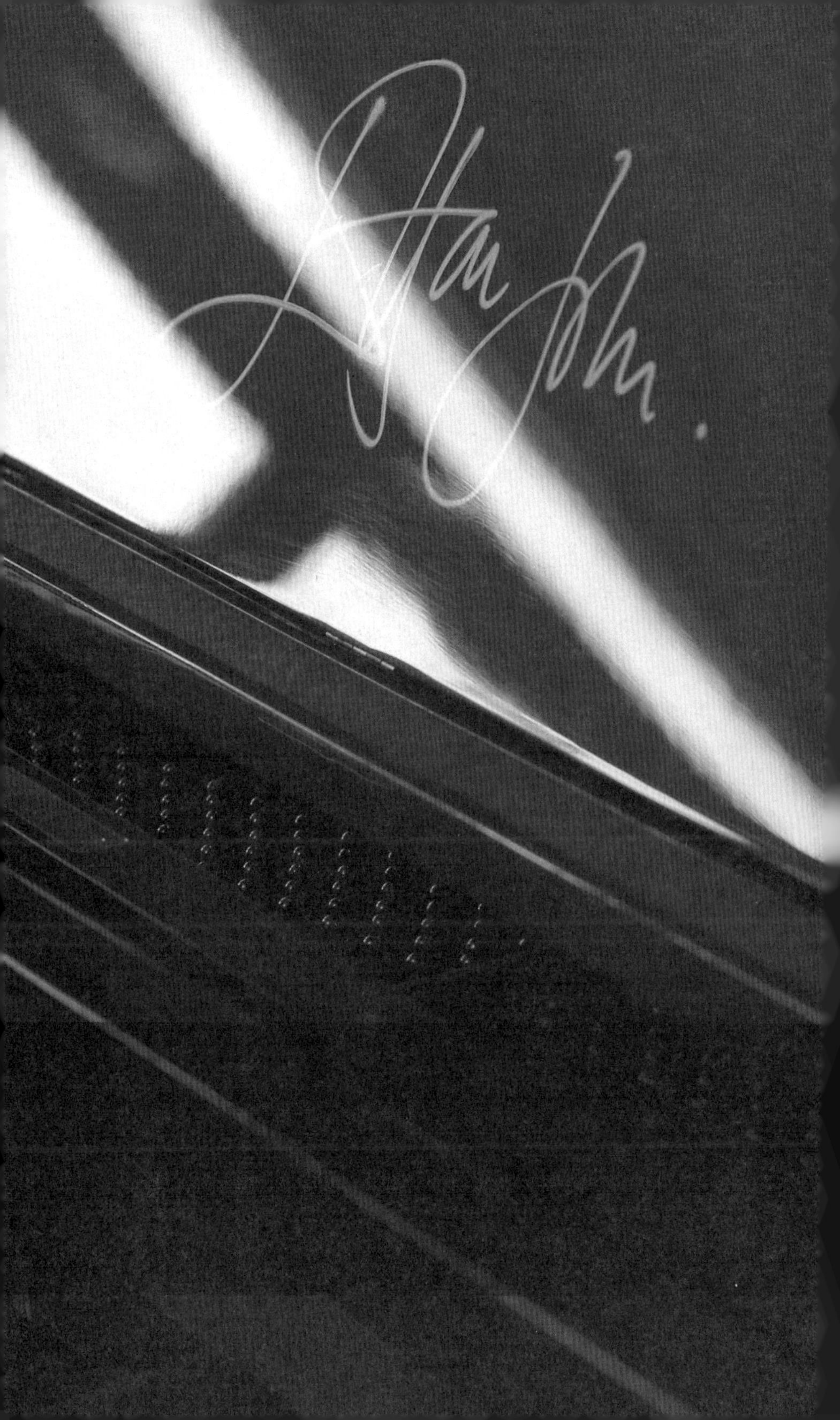

PRÓLOGO

Todos tenemos un dibujo predeterminado de Elton John, independientemente de que seamos o no fans del artista. Hay quien aprecia al pianista que puso la banda sonora de parte de su historia en la década de los setenta, con canciones cargadas de sensibilidad y melodías que jugaban con la música americana. Otros se decantan más por sir Elton, su *glamour* y coqueteo con la aristocracia británica, ese personaje filántropo que batalló en mil conflictos complicados, libertad sexual, lucha contra el sida, amigo de sus amigos, siempre dispuesto a rendir homenaje y tributo a quien lo mereciera. Por el camino encontramos los que sin decantarse por ninguna de las dos personalidades, si es que puede existir tal dualidad en Elton John, quedaron prendados de los encantos de *The Lion King*, y de los temas que les hicieron volar entre las aventuras de Mufasa y Simba, o la danza subversiva del jovencito *Billy Elliot*, obra musical con más mensaje social del que muchos podrían imaginar. No descartemos los seguidores de la prensa rosa, protagonista de todos los tabloides edulcorados de laca barata, fue el amigo de la princesa infeliz, que marcó el monopolio informativo en peluquerías y salones de té. En un solo Elton John hay personajes para que la gran mayoría del público se sienta identificado.

No obstante, como personaje controvertido que ha sido durante toda su carrera, también se encuentran a miles sus detractores, como batallones de orcos en busca del hobbit. Aquellos que en lugar de sensibilidad vieron ñoñería pop, que en lugar de una idea de espectáculo total, descubrieron travestismo chabacano y pasado de vueltas. Los mismos que, tras el hundimiento personal, aplaudieron por una rápida desaparición de su carrera musical y el consiguiente olvido, pero que ganaron argumentos para acusarle de traidor a no sé qué causa rockera con su resurgimiento. Vilipendiado como mero *esquirol* de la industria en busca del éxito fácil y de los *royalties* calentitos, a costa de la calidad y la música.

Aquellos que no soportaron que sus devaneos con la sangre azul le hicieran popular como bufón de la realeza económica. Los mismos que sufren de sarpullidos de alergia al saber que es uno de los músicos británicos que más discos ha vendido, un ricachón de m… Y no hablemos de su faceta cinematográfica, que lo convierte en un Phil Collins de tres al cuarto, que cuando encuentra un filón lo explota con obras de teatro, franquicias que duran años y recorren el planeta, otro manipulador de ideas como Queen, ni más ni menos.

Y posiblemente todos ellos tengan razón y Elton John puede ser un compendio de todas esas sensaciones contrapuestas, un personaje ficticio (su verdadero nombre es Reginald Kenneth Dwight) creado para poder derrotar a todos sus fantasmas, romper todas las barreras que, impuestas o imaginadas, no le dejaban volar, crecer, expandirse, que en diferentes momentos de su vida se convirtió en el monstruo dentro del armario, el enemigo. Tal y como ocurre con muchos músicos de su generación, la escapada hacia delante en busca de un horizonte que se disfrazó de éxito y complacencia, se convirtió en un tobogán a los infiernos. No hay peor enemigo que uno mismo, complicado de combatirle en su propio terreno, maestro en mostrar las debilidades más interiorizadas y cruel verdugo que tortura con aquello que más dolor ocasiona, erosiona y destruye.

Elton John se deslizó por la nebulosa adulación del rock'n'roll, en una época en la que su genio y creatividad le había ayudado a escalar a lo más alto del limbo de la industria, por lo que el descenso se convirtió en una caída libre y desastrosa que le obligó a tocar fondo.

Lejos de quedarse enganchado en el barrizal y mientras otros compañeros de generación se hundían con los pies en cemento armado, Elton John consiguió apoyarse en la podredumbre para coger impulso y subir a flote. El fango había esquilmado a muchos de los protagonistas de una década brillante y aquellos que resurgieron habían perdido chispa en el naufragio. Elton John no fue distinto y el nuevo personaje deambuló perdido en muchas ocasiones, sin poder enderezar su carrera, pero poco a poco se amoldó a ciertas cuotas de calidad que lo han mantenido vivo hasta el día de hoy. Dejando de lado la genialidad de antaño, que en ocasiones llega acompañada de su amiga locura, desenfreno y destrucción. Elton John cimentó una segunda parte de su historia, aquella que muchos denominan «La Bola Extra», con sabiduría, tranquilidad y priorizando aspectos personales a los profesionales.

«Todos somos monstruos alguna vez. He cambiado mucho, he trabajado mucho en mi personalidad», declaraba en 2013. «Me arrepiento de mi consumo de drogas. Pero tuve que pasar por todo eso para convertirme en la persona que soy ahora. Tuve que aprender a ser un ser humano otra vez. Fui un monstruo, ahora soy mejor persona.» Es evidente que uno termina siendo el resultado de todas y cada una de sus vivencias, que pueden transformarlo a su antojo y quedar marcado para siempre. Elton John, o mejor dicho, Reginald Kenneth Dwight, fue marcado en su infancia, y mucho de lo que fue más tarde está cincelado por el carácter y comportamiento de sus padres.

Nos puede parecer a simple vista que uno de los artistas más adinerados del planeta –se calcula que su fortuna supera de largo los 200 millones de libras–, tuvo que disfrutar de una vida placentera, pero no es así, y parte de su historia está repleta de nubarrones. Borrascas que le llevaron en dos ocasiones a pedir ayuda desesperadamente en sendos intentos de suicidio; en 1967 cuando Bernie Taupin lo encontró con la cabeza dentro del horno y el gas abierto, y en 1975, tras invitar a su madre y a su abuela a su mansión de Los Ángeles para pasar unos días, se tomó 60 pastillas de Valium y saltó a la piscina llorando y pidiendo ayuda.

Elton John es en definitiva uno de los músicos más exitosos del Reino Unido, un gran compositor y un personaje contradictorio y muy interesante, que intentaremos descubrir desde estas páginas. Como lector, eres libre de identificarte con alguna de sus facetas o con la totalidad del envoltorio, con la misma libertad de seguir odiando en lo que se ha convertido, o en todo lo que representa. Ante eso no podemos, ni pretendemos hacer nada, eso sí, te enfrentas a una historia fascinante… quedas advertido.

50 AÑOS
DE ROCKET MAN

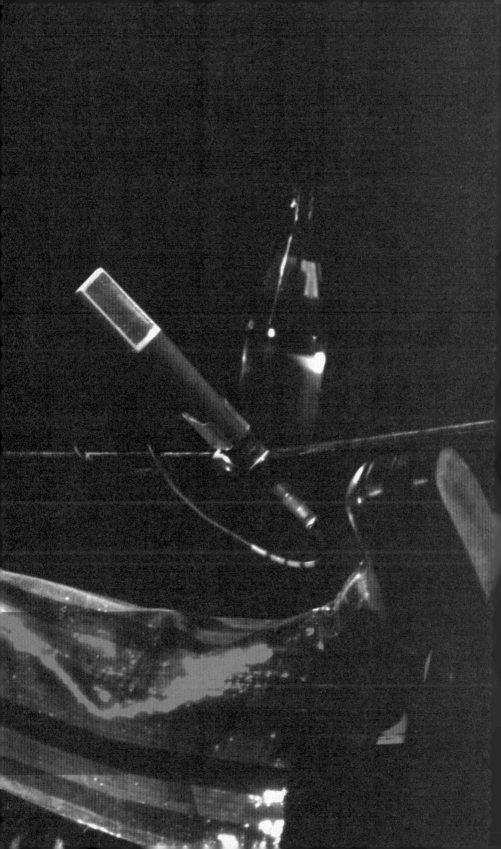

PRIMERA PARTE: NACIDO PARA SER UNA ESTRELLA

Lo más grande del rock and roll es que alguien como yo pueda ser una estrella.

Elton John

MOLDEANDO AL PEQUEÑO REG

Reginald Kenneth Dwight, verdadero nombre de Elton John, nació el 25 de marzo de 1947, en Pinner, Middlesex, un antiguo condado del suroeste de Inglaterra, ubicado dentro del segundo anillo urbanizado de Londres, conocido como *Greater London*.

Único hijo del matrimonio formado por Stanley Dwight y Sheila Eileen, quienes se habían casado en 1945, una vez que finalizó la Segunda Guerra Mundial. Su padre era un reputado piloto de la RAF (Fuerza Aérea Real) y había conocido a Sheila con tan solo 16 años, cuando trabajaba repartiendo botellas de leche entre la población con United Dairies. Aunque algunas biografías indican que su familia pertenecía a la clase media británica, lo cierto es que su enclave era la clase trabajadora, y prueba de ello fue la necesidad, como recién casados, de instalarse en casa de los padres de Sheila, Fred e Ivy Harris, algo muy habitual en el Reino Unido en los años de postguerra. Se trataba de una *Council House* (Casa del Consejo), un tipo de construcción

Reginald Kenneth Dwight

generada tras la Primera Guerra Mundial, que intentaba aglutinar bajo el sobrenombre de *Working Class House* todo lo necesario para la convivencia de los trabajadores, alojamientos, comercios, escuelas, etc... casas de construcción y mantenimiento administrativo, similar a los pisos de protección oficial desarrollados en el resto de Europa.

Stanley Dwight

El hecho de que los padres del futuro Reginald no pudieran costearse una vivienda propia e independizarse, sería un aspecto muy importante en la infancia de nuestro protagonista y marcó definitivamente su futuro.

Stanley Dwight pasaba grandes temporadas fuera de casa por su trabajo en la RAF, y su carrera militar estaba fraguando un nuevo cambio. Meses antes del nacimiento de Reg, le ascendieron a teniente de escuadrón, con todo lo que eso implicaba: más vuelos, más trabajo, más ausencias y menos familia. Pasaron dos años desde que nació Reginald hasta que su padre regresó para conocerle, o eso afirmó el mismo cuando declaró: «Yo tenía dos años cuando mi padre llegó a casa desde la Fuerza Aérea. Nunca me había visto y se comportó mal, porque mi madre le invitó a que subiera arriba a verme, pero él le contestó: "No, esperaré hasta la mañana"». De ser cierto, resultó el penoso comienzo de una relación que se iría deteriorando con el paso del tiempo y ayudando a cimentar un conflicto de identidad que invadiría al pequeño Reg de por vida.

Las prolongadas ausencias del padre, que dejó en manos de Sheila y la abuela Ivy la educación de Reginald, marcaron dos aspectos fundamentales en la construcción de su futura personalidad. Primero la ausencia de la figura paterna, suplantada por una férrea disciplina, casi militar y una gran cantidad de intolerancia afectiva y de comportamiento. Segundo, la condición de hijo único y solitario, criado por mujeres que lo protegieron en demasía para compensar de alguna manera la ausencia del patriarca.

Eso sí, la música siempre estuvo presente en casa. Su abuelo paterno había tocado en la banda de música de la empresa Callander, una compañía muy importante de fabricación de cable, que promovía actividades culturales para sus empleados entre las que destacaba la organización de una banda de música. El padre de Reg tocaba la trompeta y llegó a ser semiprofesional con el grupo Bob Miller & The Millermen. Su abuela tocaba el piano de forma autodidacta, y aunque nunca llegó a plantearse la música como una salida profesional, era parte de su esencia como persona. Su madre era una gran compradora de vinilos, que desgastaba de forma

El pequeño Reg y su piano

compulsiva en el tocadiscos a velocidades de 45 o 78 revoluciones por minuto. Ambas, propiciaron un ambiente musical muy marcado en la casa, donde la radio era el vehículo que aportaba la mágica sensación de expandirse lejos de los ladrillos, de evaporarse y volar con sonidos musicales de Nat King Cole, Frank Sinatra, Bing Crosby y otros *crooners* de la época. Fue precisamente la abuela Ivy quien sentó por primera vez al piano al curioso Reg Dwight, que rápidamente demostró tener un don innato para la música, aprendiendo a tocar con tan solo tres años «The Skater's Waltz», pieza del compositor francés Émile Waldteufel de finales del siglo xix. Reg desarrolló la capacidad de retener en la memoria las melodías y poder reproducirlas de inmediato, sin apenas errar en una sola nota, una memoria fotográfica que desató el entusiasmo de su madre y abuela, que se volcaron en la educación musical del infante.

Otro de los talentos que demostró poseer a temprana edad fue su capacidad para no revelar nerviosismo o miedo escénico. Estaba dotado de un arrojo y desparpajo naturales para tocar con público, bien fuera para sus dos interesadas maestras o para familiares y amigos, convirtiéndose rápidamente en el alma de las fiestas y reuniones familiares. A los cinco años comenzó a recibir clases de Mrs. Jones, una profesora local que superaba con creces los conocimientos musicales de Ivy. A los seis años declaraba, insolente, que de mayor quería ser concertista de piano.

ESCAPANDO DE UN PADRE OPRESOR

Su padre intentó ejercer un dominio musical sobre el muchacho, introduciendo en su cabeza un repertorio de jazz que no le atraía lo más mínimo. Por obligación se tuvo que aprender temas de George Shearing, en especial el álbum llamado *Great Britain's*, junto a la también pianista Marian McPartland, algo que no le estimulaba demasiado y por el contrario le generaba una inquietud sobrecogedora por no defraudar a su padre. En su séptimo cumpleaños, Stanley le regaló el nuevo disco de Frank Sinatra, *Songs For Swingin' Lovers*, donde se encontraban temas tan imprescindibles como «You Make Me Feel So Young», «Pennies From Heaven» y «I've Got You Under My Skin», que rápidamente tocaba y cantaba para goce de su progenitor, que tenía tiempo de refunfuñar porque no hacía lo mismo con sus discos de jazz favoritos.

Por el contrario, su madre le daba permiso para toquetear sus discos y pincharlos a su antojo, con lo que Reg se iniciaba con sus propias sesiones entre las que se encontraba el swing y el primer rock'n'roll: «Swamp Fire» de Kay Starr y el jazz bailable de «Rose Marie» de Billy May. Pero entre las joyas que acumulaba su madre se escondían algunas piezas que removieron los cimientos del incipiente melómano, discos como el *This Lusty Land* del presentador de televisión americana y cantante de country Tennessee Ernie Ford, donde escuchaba por primera vez el clásico «John Henry», o el dúo formado por Les Paul y su esposa Mary Ford y su EP *Vaya con Dios*. El primer flechazo incontrolado de Reginald fue descubrir el álbum *Showcase*, del escocés Lonnie Donegan, más conocido como *The King Of Skiffle*, el músico británico más exitoso y que más discos vendía antes de la aparición de The Beatles. El muchacho se sumergió en la música skiffle de forma impetuosa, descubriendo unos sonidos muy populares en el Reino Unido pero que cada día le anclaban más en la música americana.

El skiffle es un término acuñado en Estados Unidos a principios del siglo xx para describir la música realizada, generalmente por afroamericanos, con instrumentos rudimentarios como jarrones de bebida, peines, sierras, tablas de lavar o *washboard* y otros más elaborados, pero caseros al fin y al cabo como eran el *gut bucket*, un tipo de bajo creado con un palo de escoba y un barreño de metal, o los primeros *cigar box*, guitarras construidas sobre una caja de tabaco. La música que hacían esas bandas de skiffle, también conocidas como *junk bands*, era una mezcla de jazz, blues y folk norteamericano. Esta música tuvo un gran éxito popular en el Reino Unido en la década de los cincuenta e influyó mucho en las nuevas generaciones de

Con su madre Sheila Eileen

músicos, marcando líneas de revitalización que resurgieron con el *boom* del british folk y sobre todo con la explosión del British Blues y la posterior invasión americana.

El segundo *shock* de un Reg, que apenas había pasado los diez años, fue descubrir entre las pertenencias de su madre un ejemplar de la revista *Life* que incluía una foto de Elvis Presley, «Nunca había visto nada igual», declararía en el 2002 en un programa de la BBC: «Su presencia, postura, compromiso, era increíble, aquella foto exhalaba rock'n'roll». Su madre vio tan impresionado a su hijo, que se presentó en casa con dos singles para el asombrado Reg, uno de Bill Haley & His Comets con los temas «Shake, Rattle And Roll» y «ABC Boogie» y otro de Elvis Presley con «Heartbreak Hotel» y «I Was The One».

La tercera explosión cerebral que sufrió, se produjo la primera vez que escuchó a Little Richard y su single «Tutti Frutti» y el grito de guerra «A-wop-bom-a-loo-mop-a-lomp-bom-bom!», una maravillosa descarga de energía que no podía comprender, con un piano que no era tan rápido como el de Jerry Lee Lewis, pero muy superior a Danny & The Juniors, banda de doo-wop que le encantaba a Sheila, su madre. Años más tarde confesaría que lo que más le atrajo de Little Richard fue su postura en el espectáculo, además de poseer una fabulosa voz, que posiblemente se aprecie más en su época góspel. Richard era un extraordinario pianista, que no virtuoso, pero mientras que los demás héroes del rock'n'roll se empeñaban en ser buenos chicos, simpáticos y guapísimos -los novios que cualquier madre quería para sus hijas-, o por el contrario adquirían el rol de chico malo, pseudodelincuente, con la testosterona a punto de inundar a la audiencia femenina al mínimo descuido, Richard rompía todos los estereotipos y se burlaba abiertamente de sí mismo, de ser bajo, rechoncho, algo feo, creando un personaje esperpéntico que destrozaba los esquemas básicos de la masculinidad. Años más tarde del descubrimiento de Little Richard, el americano realizó su primera gira por el Reino Unido en octubre de1962, y Reg con 15 años, asistió a los dos conciertos que ofreció en el Granada Theater de Harrow. Los dos *shows* fueron el 25 de octubre, y el ya adolescente Reg se maravilló de las peripecias que hacía Richard alrededor del piano, saltando, subiéndose en el instrumento, pateándolo... recursos que rescataría años más tarde, ya como Elton John para sus conciertos.

Una de sus influencias más importantes a la hora de tocar el piano sería la pianista de boogie woogie de Trinidad Tobago Winifred Atwell. Una poderosa instrumentista que marcó a Reg con tan solo nueve años de edad, sobre todo por la forma de percutir las teclas, casi aporreándolas, lo que dotaba a su música de una fuerza especial. Atwell fue primer #1 en el Reino Unido de una persona de color y actualmente sigue siendo la única mujer instrumentista que lo ha conseguido. Vendió más de 20 millones de discos en la década de los cincuenta y tenía aseguradas sus manos por un valor de 40.000 libras, con un contrato que le prohibía expresamente fregar los platos para no dañárselas, algo que maravilló al jovencito Reg.

El futuro Elton John se convirtió en un coleccionista de música, devoraba todo lo que caía en sus manos y que tenía relación con ella, revistas, periódicos, carteles, singles, álbumes. Se convirtió, en cuestión de años, los de la preadolescencia, en un consumado conocedor de la actualidad musical, vocación alimentada por su madre que veía que el joven Reg heredaba su afición melómana.

Su padre, en los cada vez más alejados retornos al seno familiar, ejercía una presión insostenible sobre el niño, intentando contrarrestar la educación tan femenina que le proporcionaba el tándem madre-abuela. No le permitía escuchar la música de su madre y mucho menos tocarla, obligándole a machacar el piano con jazz que cada día le resultaba más aburrido e insoportable. Los cortos periodos caseros de Stanley se volvieron eternos para el solitario Reg, que sin saberlo se iba convirtiendo en un ser humano acomplejado que no hacía nada nunca a gusto de su padre, y tampoco conseguía establecer lazos afectivos con los chicos de su edad. Las restricciones marcadas por el padre y la dureza de sus reglas consiguieron un efecto contrario al deseado y a Reg, lejos de respetarle como figura paterna, le provocó rechazo y así se aisló, creando un mundo particular alrededor de la música.

La carrera militar del padre iba mejorando y fue ascendido a líder de escuadrón, con lo que los ingresos ayudaron a que tomara la decisión de mudarse a Potter Street en Northwood, a dos millas de la casa de sus abuelos. De esta forma Stanley podría moldear más la personalidad del pequeño e intentar enderezar lo que una educación matriarcal había torcido. Poco a poco la relación de sus padres fue deteriorándose y las peleas y discusiones eran algo cotidiano. Desde un principio Reg adoptó la postura de culpar al padre de todos los males y decantarse por el lado materno, algo que lo volvió más retraído y aislado. Posiblemente, de forma inconsciente volcó el rencor que sentía hacia su padre sobre todo lo masculino, relacionándose solo con el sexo opuesto. Años más tarde Elton John declararía en referencia a su infancia: «Mi padre fue un estúpido conmigo. No podía comer apio porque hacía ruido ni jugar en el jardín para no destrozar las rosas. Tenía un complejo de inferioridad horrible y lo odiaba. Le tenía un miedo horroroso, me quedaba petrificado cuando regresaba a casa».

Las ausencias de su padre se transformaban en periodos de tranquila felicidad, interrumpidos por los retornos, que devolvían las discusiones y peleas, hasta que en 1962 Stanley y Sheila se divorciaron de forma traumática para Reginald. Sheila tuvo que reconocer una infidelidad cometida con Fred Farebrother, un decorador de interiores que la trataba como su padre nunca lo hizo, pero desde el punto de vista de Reg, no fue un divorcio justo. «Al divorciarse ella tuvo que asumir todos los costes; renunció a todo al admitir el adulterio. Pero mi padre hacía lo mismo a sus espaldas y encima la hacía pasar por culpable. En cinco meses ya tenía una mujer nueva con la que luego tendría cuatro hijos. Eso me destrozó, porque creía que no le gustaban los hijos. Me hizo ver que yo había sido un error». Stanley Dwight abandonó su carrera en la RAF y se casó con una técnica de laboratorio llamada Edna, a la que había conocido años atrás en Harrogate, donde estaba destinado. Se instalaron en Chadwell Heath, Essex, y abrieron una papelería. En los siguientes cuatro años tuvieron cuatro hijos. Elton John no asistió al funeral de su padre cuando falleció en 1992.

LA MÚSICA COMO OBJETIVO

En otoño de 1958 Reg, que contaba 11 años, ganó una beca musical para comenzar a estudiar en la Royal Academy Of Music, el conservatorio musical más antiguo de Inglaterra y uno de los más prestigiosos del mundo, situado en Marylebone Road, en el centro de Londres, frente a Regent's Park. De esta institución han salido personajes como los compositores de clásica y cine Harrison Birtwistle y Michael Nyman, el compositor de jazz John Dankworth o el prestigioso director de orquesta Simon Rattle, así como figuras del mundo del pop como Annie Lennox y Joe Jackson. Reg Dwight estuvo estudiando todos los sábados por la mañana entre los 11 y los 16 años, dentro de un programa concebido para jóvenes talentos de colegios estatales sin poder adquisitivo para cursar estudios reglados convencionales. Se les enseñaba el lenguaje musical y el uso de un instrumento, y debían entrar obligatoriamente en el coro como compensación, siendo bastante más complicado hacerlo en la orquesta de la academia. Su profesora de piano, Helen Piena, se sorprendió de la memoria que poseía el joven alumno, capaz de reproducir tras una sola escucha, piezas del compositor barroco alemán Friedrich Händel, de extrema dificultad. Sin embargo Reg lo hacía de memoria, sin leer la partitura, un hándicap que tuvieron que pulir con urgencia. Otro de los problemas que encontró en su nuevo alumno era su indisciplina y la imposibilidad de sobrellevar la británica presión que la academia ejercía sobre el alumnado, agudizando sus problemas de inseguridad y su poca sociabilidad. La disciplina impuesta, la separación de clases sociales entre la plantilla estudiantil, la monotonía de la enseñanza y un acelerado desinterés por la música culta provocaron que Reg hiciera novillos en numerosas ocasiones, ganando un tiempo libre que utilizaba para viajar en metro y recorrer tiendas de discos del centro de Londres. Entre semana compatibilizaba sus estudios musicales en la academia con la educación obligatoria en Pinner County Grammar School. Sin ser un gran estudiante salvaba los cursos por la ley del mínimo esfuerzo, en realidad lo único que le interesaba era tocar el piano y encerrarse en su cuarto a escuchar música.

Con apenas 15 años y gracias a su madre y a su padrastro, consiguió tocar el piano en el pub del Northwood Hills Hotel de Pinner, interpretando canciones de Cliff Richard y Jim Reeves intercaladas con iconos del folclore británico como «When Irish Eyes Are Smiling»,

«Roll Out The Barrel» o «Whis-
key In The Jar», cantadas con
un impuesto acento *cockney*,
un dialecto del inglés que se
habla en el este de la ciudad de
Londres por un determinado
sector de la clase trabajadora.
Se dice que se habla *cockney* en
lugares desde donde se pueden escuchar las campanas de
la iglesia de St. Mary-Le-Bow.

Primeros días de la Royal Academy Of Music

Un niñato que ya comenzaba a presentar signos claros de que per-
dería el poco pelo que tenía por culpa de una alopecia galopante, y
que en ocasiones se veía rodeado por adultos embriagados que le
bañaban en cerveza porque les había llegado al corazón o simplemente porque no había utilizado la jerga adecuada al interpretar algún tema. Reg colocaba una caja de tabaco abierta encima del piano
y el respetable iba soltando la calderilla a medida que el muchacho
animaba su ingesta etílica. Tampoco es que lo hiciera por una compensación económica, más bien era para sentirse vivo. Sin amigos,
con una agenda realmente apretada de clases, sentarse en el piano
de jueves a domingo y hacer bailar, reír o llorar a unos desconocidos,
le reconfortaba y era su mejor forma de sociabilizar. Al poco de estar
como pianista residente en el Northwood Hills, la caja le suponía una
cuenta de entre 25 y 30 libras en cada actuación, dinero que comenzó a invertir en la adquisición de todo aquello que estuviera relacio-
nado con la música, convirtiéndose en un verdadero coleccionista.
Se pasaba horas encerrado en su cuarto distribuyendo los discos,
ordenando los artículos, por género, por intérprete, por canciones;
sabía cualquier cosa que se le preguntara sobre cualquier cantante,
músico o banda de moda, se transformó en un erudito musical en
toda regla, en un empollón de laboratorio, creando una auténtica bi-
blioteca musical en su habitación.

En aquella época surgió otra de sus aficiones fetiche. Leyó un artículo sobre «El día que murió la música», el 3 de febrero de 1959,
cuando se estrelló la avioneta en la que viajaban Ritchie Valens, The
Big Bopper y Buddy Holly, falleciendo todos en el acto. Reg quedó
fascinado por Holly, se sumergió en su música y adoptó las gafas

como coraza protectora contra el mundo exterior. Desde ese mismo momento utilizó lentes sin tener una necesidad médica de hacerlo. Años más tarde declaró: «Dios mío, cuando descubrí a Buddy Holly pensé que quería un par de lentes como los suyos. Comencé a usarlos todo el tiempo y por eso mis ojos empeoraron y terminé por necesitarlos».

Stanley, su padre, montó en cólera cuando supo que su hijo tocaba en un pub y tenía la intención de dejar los estudios para dedicarse a tocar el piano. Primero con amenazas y más tarde intentando hacerle comprender al adolescente que debía encarrilar su vida hacia una profesión más estable y con más futuro, incluso se ofreció para mover ciertas amistades e influencias para que comenzara a trabajar en la banca, desde abajo, pero si terminaba sus estudios podría ir ascendiendo. Stanley no llegó a comprender que con el duro divorcio y la situación en la que dejó a su madre, él había muerto para Reginald y no ejercía ningún tipo de autoridad sobre el joven, ni moral ni legalmente.

SUMERGIDO EN EL UNDERGROUND

En 1962 decidió abandonar la Royal Academy Of Music, al acabar el sexto nivel de piano. Su profesora, Helen Piena, intentó explicarle que con su tremendo potencial debería seguir estudiando y acceder a la universidad. Creía que tenía un gran futuro por delante, pero admitía que el muchacho estaba mucho más motivado por la música popular que por la denominada música culta. No obstante, los estudios obtenidos en esa beca de cinco años, le brindaron muchas herramientas necesarias en su carrera musical como compositor.

Al mismo tiempo que seguía con la educación secundaria y su residencia en el pub, le proporcionó otro disgusto mayúsculo a su padre, al ingresar en una banda llamada Corvettes, un combo que mezclaba vagamente el jazz con los primeros esbozos de rhythm & blues, pero que no llegó a alcanzar ninguna notoriedad, ni tan solo a nivel local. En Corvettes entabló una relación de amistad con Stewart *Stu* Brown, vocalista y guitarra del grupo, y juntos decidieron crear su primera banda importante, Bluesology. Reclutaron a Rex Bishop al bajo y Mick Inkpen como batería, y adoptaron el nombre a modo de homenaje del álbum *Djangology*, del guitarrista de jazz manouche Django Reinhardt. Quizás desconocían que existía un

En los tiempos de Bluesology

tema de 1956 llamado «Bluesology» interpretado por John Lewis & The Modern Jazz Quartet.

Bluesology consiguió rápidamente un consistente repertorio a base de versiones de blues de artistas como Muddy Waters, Jimmy Witherspoon y Memphis Slim, donde el piano colocaba la personalidad más acentuada, con un Reggie (apodo que se ganó) de tan solo 15 años. En 1963 Bluesology consiguió una residencia semanal en The Establishment, un club que había abierto sus puertas en el Soho londinense escasamente hacía un año. The Establishment, situado en el 18 Greek Street, fue un local dedicado al movimiento cultural satírico, fundado por Peter Cook y Nicholas Luard, que fueron esenciales en la fundación de la revista *Private Eyes*.

En 1965 consiguieron firmar un contrato profesional con una promotora que los contrató como *side band* de nombres como The Isley Brothers, Doris Troy, Billy Stewart y Patti Labelle. Ese mismo año firman con el sello Fontana Records y graban un primer single con los temas «Come Back Baby», escrito y cantado por Reg, mientras que la cara B es para «Time's Getting Tougher Than Tough», que canta Stu. En noviembre de 1965 se publica su segundo sencillo, volviendo a repetir la fórmula, la cara A es para «Mr. Frantic» compuesto y cantado por Reg, mientras que la cara B es el clásico «Everyday I Have The Blues» y lo canta Stu. En 1990, Elton John incluyó el tema «Come Back Baby» en el álbum *To Be Continued...*

Tres semanas antes de cumplir la mayoría de edad, Reg se retiró de la escuela Pinner County Grammar School, sin haber terminado los estudios. El esfuerzo que le demandaba la música era agotador, compaginando las sesiones de pianista en el pub, con la agenda de Bluesology, que cada día era más apretada. Reg se presentaba en su mayoría de edad con sexto de piano terminado, sin finalizar sus estudios de secundaria y con un trabajo de fin de semana como pianista en un pub, militando en una banda que parecía tener futuro y con la firme convicción de que su objetivo era la música.

Otra de las aficiones de Reg desde muy pequeño eran los deportes, en especial el críquet, el tenis y el fútbol, sobre todo el fútbol, afición que compartía con su primo Roy Dwight, que llegó a jugar en el Nottingham Forest, ganando la copa inglesa en 1959. Precisamente su primo Roy, al alcanzar Reg la mayoría de edad, le consiguió una entrevista de trabajo con los directivos de la editorial Mill Music, situada en el West End de Londres. Tras unos momentos de tensión el joven desplegó sus conocimientos de música, que de poco le iban a servir en su nueva ocupación, pero impresionaron a los responsables de la editorial que pasaron a contratarlo por un salario de 5 libras semanales. De esta forma Reg Dwight consiguió, en marzo de 1965, su primer trabajo dentro de la industria musical, como mozo de almacén, chico de los recados y mensajero de Mills Music.

A finales de 1965 realizan una gira por Alemania y al regresar a Londres, Reg y Stu remodelan totalmente la banda, fichando a Pat Higgs como trompetista, Dave Murphy completando la sección de vientos con el saxofón, Fred Gandy es el nuevo bajista y Paul Gale el nuevo batería. Esa mutación del grupo se debe entre otras cosas a que tiene la labor de convertirse en la banda de apoyo de Major Lance, cantante norteamericano de rhythm & blues que iba al Reino Unido con una extensa gira, pero que terminó estableciéndose en el país y obteniendo un gran éxito en la década de los setenta.

El éxito cosechado acompañando a Major Lance les proporcionó una agenda de trabajo que obligó a todos los miembros de Bluesology a dejar sus trabajos, por lo que Reg abandonó Mills Music al poco de cumplir el año de contrato, un periodo que le facilitó aumentar su gran colección de discos y conocer algunos entresijos del negocio, ayudando a que en Bluesology, él mismo y Stu fueran los encargados de ejercer de mánagers de la banda a tiempo completo. Los miembros de Bluesology estaban ganando entre 30 y 40 libras semanales, pero la reputación les sirvió en bandeja poder firmar con Marquee Enterprises, que les abrió las puertas del reputado local del Soho The Marquee, cuna del mejor rhythm & blues británico, casa donde crecieron Spencer Davis Group, The Rolling Stones, Manfred Man, The Who o cantantes como Graham Bond, Chris Farlowe o Long John Baldry.

En 1966 la banda Steampacket del vocalista Long John Baldry se separó. Baldry había sido el primer blanco británico en cantar blues en un disco, el *R&B From The Marquee*, grabado en 1962 por los Blues Incorporated de Alexis Korner. John William Baldry, verdadero nombre al que añadió el apodo de Long John por lo alto que era, fue toda una institución en la música británica. Militando en R&B All Stars de Cyril Davies, donde tocaba el piano, pero que pasó a ser vocalista tras la muerte de Cyril Davies; montó su propia banda llamada Hoochie Coochie Men en la cual descubrió a Rod Stewart, pasando más tarde a llamarse Steampacket, contando con dos vocalistas de la talla de Stewart y Baldry.

Al terminar Steampacket, Baldry ofreció a Bluesology pasar a ser su banda, provocando un auténtico tsunami en la formación que terminó por construir una nueva remodelación. Bluesology quedó con Reg y Stu como pianista y guitarra, más las incorporaciones de Fred Gandy (bajo), Pete Gavin (batería), Neil Hubbard (guitarra), Elton Dean (saxofón), Marc Charig (trompeta), Alan Walker y Marsha Hunt (coros) y Baldry como vocalista principal. En 1966 con Baldry configurando nuevo repertorio, la banda grabó el single «Since I Found You Baby /Just A Little Bit», editado por Polydor bajo el nombre de Stu Brown & Bluesology.

El 11 de diciembre de 1966 Reg cumple uno de sus sueños inalcanzables: Bluesology hace de banda de apoyo de su ídolo Little Richard, en el Saville Theatre de Londres. Atrás quedaban los días en los que Reg se sentía extraño, excluido, reprimido e inferior, quedaban atrás o eso pensaba, porque los fantasmas del pasado nunca nos abandonan o no lo hacen de una forma tan rápida y eficiente. 1966 había sido un gran año, Bluesology era una gran banda, había conocido a dos personas con las que mantenía una relación de amistad muy importante y de las que aprendía y debería aprender más en el futuro, Long John Baldry y el saxofonista Elton Dean. Como colofón, el final de año le había dado la posibilidad de tocar en el mismo escenario que su ídolo Little Richard. A la vuelta estaba 1967, un año en el que todo cambiaría. La revista *New Musical Express* publicó un anuncio de la compañía Liberty Records, en el cual Ray Williams, A&R de la editorial, solicitaba jóvenes compositores para formar parte del *staff*, básicamente para componer para su catálogo de artistas. Reginald Dwight contestó al anuncio, como también lo hizo un joven de 17 años llamado Bernie Taupin. Un anuncio que los uniría de por vida.

EL VIAJE DE TIN PAN ALLEY A LOS EE.UU.

El 17 de junio de 1967 la revista *New Musical Express* publicaba un anuncio de la compañía Liberty. En una de sus páginas se podía ver una reseña de Pink Floyd, el debut de Judith Durham, una sección llamada Potteds Pop en la que iba impresa una foto de Robert Mitchum como cantante de calypso, la lista de los mejores discos según NME y el Top 10 de singles. El icono de Liberty era un grafismo de la Estatua de la Libertad, debajo se leía:

«Liberty Wants Talent Artists / Composers / Singers - Musicians To form a new group»

La idea de colocar el anuncio fue de un A&R de la compañía Williams Records llamado Ray Williams y que solo contaba con 19 años, pero sabía que la industria discográfica estaba cambiando y era necesario reforzarse y crear un equipo de trabajo competitivo y creativo.

Ray recibió las propuestas de Reginald Dwight y Bernie Taupin por separado, el primero de 20 años, el segundo nada más que

Elton John y Bernie Taupin en 1968

17; el primero sabía tocar el piano y tenía una gran voz, pero era verdaderamente penoso escribiendo letras, el segundo escribía textos excelentes, pero no sabía tocar ningún instrumento y fue su madre la que le convenció para que se presentara; Reg vivía en Pinner, Bernie en Lincolnshire. Algo vería Ray en esos dos muchachos porque sin que se conocieran los puso a trabajar juntos. Mandó un sobre con textos de Taupin a Reg y le dijo que quería escuchar qué era capaz de hacer. Reg se encerró con los folios de Taupin y comenzó a componer música sobre ellos. Las canciones eran desechadas de inmediato si no encontraba inspiración y se dedicaba a las que verdaderamente le motivaban y encajaban con sus melodías. De esta forma a los pocos días se presentó en las oficinas de Liberty con una demo grabada de forma casera, pero que impresionó a Ray por la calidad que desprendían las composiciones de los dos jóvenes talentos.

Liberty Records era una compañía estadounidense creada por Simon Waronker, Alvin Bennett y Theodore Keep en 1955, famosa por editar al pionero del rock'n'roll Eddie Cochran, con éxitos como «Summertime Blues» y «C'mon Everybody», pero más popular por llevar al éxito la banda virtual de dibujos animados Alvin y las Ardi-

llas, con la técnica de acelerar la voz de David Seville (Ross Bagda-
sarian, Sr.). De ahí que los nombres de las famosas ardillas sean los
de los directivos que fundaron la compañía: Alvin, Simon y Theodore. Los lazos trasatlánticos de la franquicia británica fueron muy
importantes para la carrera de Elton John, tal y como veremos en
este capítulo.

Reg comenzó a ser asiduo al número 20 de Denmark Street,
sede de Liberty Records, donde iba a entregar las composiciones
encargadas por Ray; Bernie no aparecía apenas por las oficinas, las
más de cuatro horas de viaje a Londres eran un gran impedimento,
hasta que Ray le comentó que las cosas podrían funcionar mejor
si se conocían los dos autores. Tal y como confirma Elton John en
varias entrevistas: «Escribimos nuestras primeras 20 canciones antes de que nos conociéramos». De hecho Reg y Bernie se conocieron en los estudios de Dick James, de la misma Denmark Street,
renombrada como el Tin Pan Alley de Londres. Una calle donde se
concentraban el mayor número de editoriales musicales del país,
afincadas en un momento histórico donde los compositores no terminaban siendo los ejecutantes de los temas, y era habitual que en
la calle Denmark se comerciara con canciones en busca de algún
intérprete famoso que las qui-
siera colocar en su catálogo.

Ray Williams representaba en
aquellos días a los componentes del grupo Hollies, Graham
Nash, Allan Clarke y Tony Hic-
ks que habían formado Gral-
to Music, nombre resultante
de un acrónimo de los tres, al
mismo tiempo que trabajaba
en la nueva compañía llamada Nikari Music, acrónimo de
Nicky James y Kirk Duncan.
Nikari Music estaba grabando
temas de Graham Nash en los
estudios de Dick James y Ray
Williams les propuso que le
dejaran algo de tiempo en el

Bluesology

estudio para grabar algunas demos con el material de Reg y Bernie. Para esas demos contaron con Tony Murray al bajo, quien se uniría más tarde a The Troggs; el músico de reggae David Hinds a la batería y Caleb Quaye a la guitarra, con quien coincidiría de nuevo en los últimos pasos de Reg con Bluesology, cuando sustituyó al primero en abandonar la banda, *Stu* Brown.

Dick James, propietario de DJM Records apostó por la pareja de compositores y los contrató para trabajar para él, dicen que convencido por su hijo, que adivinó el potencial que escondía la recién creada asociación. Bernie y Reg firmaron con DJM Records el 17 de noviembre de 1967.

REG Y BERNIE, UNA RELACIÓN PARA TODA LA VIDA

Reg y Bernie se conocieron en esas grabaciones y rápidamente surgió la misma sintonía personal que había desembocado en la creación de canciones a medias sin tener contacto. Al poco tiempo se hicieron inseparables y Bernie se mudó a casa de Reg, que vivía con su madre Sheila y su padrastro Fred en Frome Court. Ambos compartían habitación y Bernie fue para Reg como el hermano que nunca tuvo y un complemento esencial desde el principio. Cuando años más tarde se supo que Elton John era homosexual, se le preguntó sobre este periodo en el que estuvieron tan unidos, pero John siempre afirmó: «Nunca fue algo sexual. Yo lo adoraba como a un hermano, era mi alma gemela. Lo había estado esperando toda la vida».

La vida de Reg estaba cambiando a pasos agigantados, pero todavía sin salir de la miseria. Bluesology le ocupaba mucho tiempo y las ganancias eran verdaderamente cortas, añadiendo el factor del tiempo que le robaba de componer con Bernie. Una gira de Bluesology por Suiza le hizo ver las cosas claras; la banda había pasado a ser el grupo de Long John Baldry y poco tenía que ver con la idea que tuvieron Stu y él, además, no dejaba de ser una banda de segunda fila por la que ya no quería apostar. Cuando regresaron a Inglaterra su familia lo encontró bastante más delgado, teniendo incluso que usar pantalones del saxofonista Elton Dean, intentando disuadirle de continuar con una experiencia tan poco saludable. Los motivos eran el trabajo excesivo con Bluesology, la dieta marcada por la escasez de dinero que provocó que pasaran hambre y las cápsulas para la dieta de su madre, que comenzó a tomar para intentar paliar su complejo de gordura. Admitió lo que los demás le empujaban a hacer; avisó a Baldry que, al terminar los compromisos en diciembre, abandonaría el grupo. Menos comprensivo fue Stu que desertó de inmediato, dejando paso a Caleb Quaye.

El día de nochebuena de 1967, Bluesology ofreció una actuación en un cabaret de Sheffield y tras el *show*, Reg conoció a Linda Woodrow, dos años mayor que él, bastante más alta y acomodada económicamente, pues era hija de un directivo de la potente industria conservera británica. Al parecer el muchacho la defendió de la agresión de su pareja, el DJ del local y hombre más bajo que Reg llamado Mighty Atom. Desde ese día comenzaron una relación de pareja que condujo a que se mudara al piso de Linda en Furlong Road, Islington.

Las cosas comenzaron a torcerse para Reg en 1968, las demos mostradas por DJM no parecían interesar a casi nadie y aunque la compañía no se desanimaba, él no tenía tanta paciencia. El mudarse a casa de Linda le desconfiguró todos los esquemas, se encontró con una pareja muy dominante que poco a poco le iba intentando alejar de la música. Sobre todo cuando a las pocas semanas Reg apareció con un polizón llamado Bernie, que se instaló en casa formando una pareja de tres, algo que irremediablemente desembocaría en fracaso. En un intento erróneo de salvar la relación, Reg le pidió matrimonio a Linda, que aceptó, y se programó la boda para el verano de 1969.

Las cosas no mejoraron en absoluto y Reg fue entrando en una depresión galopante que terminó con un episodio tan trágico como ridículo. Bernie se levantó de su habitación y reconoció un fuerte olor a gas. Cuando entró en la cocina encontró a Reg de rodillas, con la cabeza en el horno y la pestaña del gas abierta; lo cómico es que tenía las ventanas abiertas y una almohada en la cabeza para no hacerse daño. En realidad se trataba de un intento desesperado de pedir ayuda, de intentar romper una situación que lo consumía.

Finalmente, cuenta la leyenda, que salieron de copas Reg, Taupin y Long John Baldry. Tras una noche ajetreada y una ingesta espectacular de alcohol, los tres iban en un estado ebrio lamentable para sacar a relucir un tema tan delicado como la inminente boda de Reg y Linda. Baldry le convenció de que no siguiera adelante con los planes de boda. Elton John lo contaría durante la promoción del disco tribu-

Bluesology & Long John Baldry

to *Two Rooms*: «Nos embriagamos y en algún punto de la borrachera, John me dijo que no debía casarme. Yo mismo sabía que tenía razón, pero no me atrevía a externalizarlo. Sin embargo, el alcohol me ayudó, me fui a casa y dije que no me casaría». Linda también dio su versión en el *Sunday Mirror* en 2005: «Él había estado bebiendo con Long John Baldry y regresó esa madrugada, me dijo que se iba de la casa y terminó todo. Lloré y le dije que lo amaba, pero no le importó, y se fue con sus padres. A la mañana siguiente, su padrastro vino y se lo llevó. Nunca más supe nada». Efectivamente Reg y Bernie, recogieron sus cosas y se mudaron de nuevo con la madre del primero, a un espacio que siempre les fue acogedor, en el cual podían seguir construyendo un futuro que de momento les volvía la cara.

Musicalmente entraron en una rutina perversa, tras un pago inicial de 50 libras a cada uno, tenían un contrato que les proporcionaba 10 libras semanales a cambio de componer 18 canciones en tres años. Dick James insinuó la posibilidad de grabar una demo completa con las canciones de Reg y Bernie, para de esta forma conseguir que su música fuera más visualizada. Indirectamente, sabía que el negocio estaba cambiando y que el éxito de The Beatles y The Rolling Stones, que interpretaban sus propias canciones, provocaría un efecto llamada y cualquier grupo de jovenzuelos compondría sus propios temas. La dicotomía de autor ajeno a intérprete tenía los días contados.

EL NACIMIENTO DE ELTON JOHN

La posibilidad de editar un disco bajo su propio nombre, aunque fuera de portafolio laboral, le hace ver que Reg Dwight no es nada comercial, aspecto en el que están todos de acuerdo, desde Bernie Taupin a su propia madre. Reg habla con dos de las personas que más han impactado como amigos en su vida: el saxofonista de Bluesology Elton Dean y el vocalista Long John Baldry; con su beneplácito nace Elton John de mezclar sus nombres.

Bajo ese nuevo contexto el sello Philips lanzó el 1 de marzo de 1968 el single «I've been Loving You», respaldado por «Here´s To The Next Time» como cara B. Curiosamente DJM escoge temas compuestos por Reg Dwight, aunque también aparece acreditado Bernie Taupin, pero no alcanza la calidad de las composiciones de ambos, en una decisión de *marketing* incomprensible. Se grabaron muchas canciones como «Can't Go On (Living Without You)», que se ofreció a Lulu para representar a Inglaterra en el festival de Eurovisión, pero Lulu, a pesar de grabar el tema se presentó en aquella edición con «Boom-Bang-A-Bang», ganando el certamen en Madrid.

Clive Franks, que fue ingeniero y productor de varios discos de Elton John, declaró que en aquella época: «Grabaron un álbum completo, pero nunca se publicó. Hay un álbum completo que precede a *Empty Sky*».

Elton John necesitó pluriemplearse y comenzó a tocar como músico de sesión para otros artistas, así como músico de directo. Al mismo tiempo probó fortuna en sendas bandas de rock progresivo que buscaban nuevo vocalista, Gentle Giant y King Crimson, pero de las dos audiciones fue rechazado. Finalmente Dick James comprendió que debía lanzar el primer disco de Elton John en solitario, asumiendo toda la responsabilidad y encerrando la banda en los estudios de DJM Records a horario completo, nada de grabar en los tiempos muertos. El grupo entró en el estudio en diciembre de 1968, para terminar de registrar lo que sería su álbum debut, *Empty Sky*, en abril de 1969. El presupuesto que dispuso DJM para *Empty Sky* fue más que modesto. El estudio de la compañía no dejaba de ser una habitación de las oficinas, rebozada de cartones de embalar, huevos y algún colchón estratégicamente colocado para evitar rebotes. La cabina de control estaba en otro cuarto y no se podían comunicar directamente con los músicos, a los que tan solo veían a través de un

viejo televisor. La mesa de mezclas disponía de ocho pistas y el espacio obligaba a que el bajo de Tony Murray estuviera en el pasillo o Caleb grabara las guitarras desde la escalera del edificio, al descubrir que la reverberación del espacio favorecía el sonido del instrumento. Elton John declaró años más tarde que el sonido de *Empty Sky*: «Es una estafa. Alguien que lo compró como un álbum estéreo fue literalmente estafado».

Philips publicó el segundo single de Elton John, «Lady Samantha», en enero de 1969, seis meses antes de que saliera a la venta el álbum. El tema sonó en las radios recibiendo buenas críticas, pero las ventas fueron mínimas y no llegó a entrar en las listas, que era el objetivo marcado por el sello, dejando de confiar en Elton John desde ese momento. Fue el primer single editado en Estados Unidos bajo la etiqueta DJM. *Empty Sky* se publicó el 6 de junio de 1969 en el Reino Unido, el sello no lo puso a la venta en el mercado americano hasta que Elton John ya fue conocido tras la edición del segundo álbum. Dick James contrató una modesta campaña de publicidad que consistió en pagar espacios publicitarios de la parte trasera de 24 autobuses londinenses, presentando a un cantante que casi nadie conocía. El resultado en ventas no cubrió la campaña y en los primeros meses no alcanzó las 2.000 copias vendidas. Elton John siguió tocando el piano y haciendo coros en recopilatorios de toda índole, apareció en el programa «Top Of The Pops» como pianista o corista del propio programa, acompañando a otros cantantes como por ejemplo Tom Jones. Puso su voz al servicio de la publicidad y su facilidad para imitar voces le aportó trabajo en algún doblaje. Se involucró en otro proyecto llamado The Bread and Beer Band, junto a Caleb Quaye, Roger Pope y Bernie Calvert de The Hollies, llegando a grabar un álbum homónimo en los Abbey Road Studios en febrero del 69, bajo la producción de Chris Thomas, personaje que reaparecerá en la historia de John. La carrera de Elton John no despegaba y comenzó a trabajar en Music Land Records, tienda de discos del Soho londinense, un trabajo donde encontró un oasis de felicidad, tal y como declaraba a *Melody Maker*: «No conozco otro trabajo mejor. Si no hubiera triunfado en el rock, no puedo imaginar nada mejor que tener una tienda de discos. Bernie y yo éramos grandes clientes de Music Land, gastábamos todo nuestro dinero en discos, por lo que trabajar allí era fantástico». En noviembre de 1969 Elton John retorna al estudio, pero Steve Brown escucha una de las demos del nuevo álbum, «Your Song», y lo ve todo claro. Elton John necesita un equipo más profesional que se ponga a su disposición, descubrió demasiado potencial para dejarlo de nuevo en manos de los responsables de *Empty Sky*. No le supuso mucho esfuerzo convencer a Dick James, por lo que se pusieron manos a la obra.

Dick James se obsesionó con introducir una orquesta en los temas de este nuevo álbum, idea que no disgustó a John ni a Taupin, por la grandilocuencia que podría aportar. Por eso el primer miembro del nuevo equipo fue Paul Buckmaster, exalumno de la Royal Academy of Music como Elton John, pero graduándose con Diploma de Honor en 1967. Extraordinario violoncelista y visionario realizando arreglos orquestales, que había trabajado en el tema «Odessa», del trío británico Bee Gees, pero especialmente impactantes para John eran sus arreglos para David Bowie en sendos temas, «Wild Eyed Boy From Freecloud» y «Space Oddity».

Se tanteó la posibilidad de contratar a George Martin, productor de The Beatles, pero la iniciativa no prosperó porque Martin sentía la necesidad de cambiar el sonido de Elton John y ni el propio interesado, ni James, ni Brown lo estimaron conveniente. Finalmente se decantaron por Gus Dudgeon, que produjo el single «Space Oddity», pero se valoró la experiencia adquirida a las órdenes de Mike Ver-

non en discos como *Blues Breaker With Eric Clapton*. Gus pasaría a ser otro de los personajes decisivos en la carrera de Elton John. Hay una anécdota muy curiosa que apunta que Dudgeon estuvo confundido con la identidad de los dos protagonistas, al menos durante un par de horas, llamando Taupin a Elton John y John a Bernie Taupin. Las sesiones de grabación se llevaron a cabo en los Trident Studios de Londres, entre noviembre de 1969 y enero de 1970.

Curiosamente, el primer single fue «Border Song» que solo sirvió para que tuvieran su primera aparición en el todopoderoso «Top Of The Pops», y que fue lanzado oficialmente en Estados Unidos alcanzando el #92 y siendo la primera referencia destacada de un desconocido Elton John.

DJM obtuvo muchas solicitudes para grabar «Your Song», entre ellas de The Hollies, pero se negó en rotundo porque quería que fuera el trampolín de Elton John. Sin embargo permitió que la banda americana Three Dogs Night lo incluyera en su cuarto álbum, editado un mes antes que el de Elton John, con la prohibición expresa de publicarlo en single. El grupo liderado por Danny Hutton incluyó «Lady Samantha», y era una perfecta campaña de promoción de lo que estaba por llegar. Apenas dos meses después de salir del estudio de grabación y con la publicación inminente del nuevo disco, DJM renovó contrato a Elton John y Bernie Taupin, lo que los llevó a publicar los seis próximos discos en menos de tres años.

Elton John Band

El disco estuvo a punto de rodar por los escenarios una vez montada la primera expresión de la Elton John Band, con Caleb Quaye, Dee Murray y Nigel Olsson. La aparición el 2 de abril de 1970 en el programa «Top Of The Pops» fue el pistoletazo de salida del primer *tour* profesional, que tuvo una cita muy especial el 21 de abril en el Roadhouse de Londres, enmarcado en seis noches consecutivas de un festival llamado Pop Proms, organizado por John Peel de la BBC, en el que Elton John actuó la segunda noche delante de Pretty Things y Tyrannosaurus Rex.

Como recuerda el biógrafo Philip Norman, Elton John salió muy nervioso a escena y «accidentalmente derribó el taburete del piano». Ese hecho, que pudo arruinar el concierto, provocó «una extraordinaria reacción de euforia en la audiencia que abarrotaba el Roadhouse. En su siguiente actuación lo pateó a propósito». Ese día John comprendió que al público hay que darle algo más que música y comenzó a mutar en el personaje en que se convirtió, un bufón del rock'n'roll.

La banda se consolidó como una máquina sólida y Dick James se propuso dar el salto a los Estados Unidos, había llegado el momento. Universal estaba muy interesada en contratar para el mercado americano al grupo de pop progresivo Argosy, donde militaba un joven Roger Hodgson, que terminaría triunfando con Supertramp. Tanto era el interés de la compañía americana que le dio poder a James para llevar a cabo un chantaje comercial que favoreció a ambas partes. Lenny Hodes de Universal se encontró encima de la mesa un contrato exclusivo con Argosy por un valor de 10.000 dólares, pero como cláusula obligatoria se debía firmar otro contrato con Elton John, gratis, como añadido. No pudo negarse y de esta forma Elton John y su segundo disco entraron por la puerta de atrás en el mayor mercado discográfico del mundo.

ELTON JOHN HA LLEGADO A EE.UU.

Elton John trabajaba como músico de sesión con Hollies cuando se firmó el contrato con Universal, una firma que no variaba nada su situación de precariedad económica, al no repercutir con ningún ingreso económico y ser una imposición de Dick James al interés de la compañía por el grupo Argosy, banda que no llegó a nada y fue un gran fiasco para la multinacional.

El 22 de julio de 1970 se editó el segundo disco de Elton John, de nombre homónimo en Estados Unidos. Dick James pensó que la única manera de que John penetrara en el mercado sería llevándolo de la mano para que actuara. De esta forma reservó el The Troubadour durante varias noches seguidas, un pequeño local de 300 personas de aforo, situado en el 9081 de Santa Monica Blvd. en el West Hollywood. The Troubadour nació en la década de los cincuenta como cafetería restaurante, pero poco a poco se fue acercando al negocio musical, configurándose como una sala que ha forjado carreras musicales muy importantes como la de Neil Diamond, Joni Mitchell, Kris Kristofferson, Bette Midler o The Pointer Sisters. Con el paso de los años, el círculo de conciertos históricos de The Troubadour se amplió en géneros dispares y nombres emblemáticos como James Taylor, Bruce Springsteen, Guns N' Roses o Mötley Crue. El hecho de estar situado en un bulevar del Hollywood más pudiente otorga el beneplácito de contar entre la audiencia a la *crème de la crème* de la industria musical, hecho con el que contaba Dick James para introducir a Elton John.

Cuando aterrizó en el aeropuerto de Los Ángeles la comitiva británica que acompañaba a Elton John se encontró que les esperaba un autobús inglés de dos pisos, sorpresa ideada por el publicista de Universal, Norm Winter, que había mandado pintar en el vehículo «ELTON JOHN HA LLEGADO», para dar un gran rodeo por Hollywood antes de llegar al hotel. Años más tarde John declaró que: «Lo encontré extremadamente vergonzoso. Todo el mundo se agachaba y trataba de esconderse debajo de las ventanas. Parecía un truco barato, no podía creerlo».

El 25 de agosto de 1970 Doug Weston, dueño de The Troubadour dio la bienvenida a Ray Williams, representante legal de DJM y mánager personal de John, a este y su banda. Por su parte, Norm Winter arregló el descosido del autobús inglés diseñando una campaña promocional impresionante y que cambió por completo la carrera de Elton John. Winter consiguió que asistieran a la primera actuación de un desconocido músico británico nombres de la talla de Quincy Jones, Gordon Lightfoot, Leon Russell, Mike Love de los Beach Boys y Danny Hutton de Three Dog Night. Al mismo tiempo esa primera noche, todo periodista musical de un medio importante estaba acomodado en la sala con un *pack* de regalo sobre Elton John y con la promesa de que tras el *show* podría tener unos minutos con él. Winter consiguió que un anónimo de 23 años, bajo, con poco pelo y poco agraciado, acaparase toda la atención de la crítica musical de Hollywood o lo que era igual, de todo el país. El éxito fue fulminante, provocando que Elton John estuviera hasta el 6 de septiembre, realizando dos *shows* por noche el 28 y 29 de agosto. Un total de 15 conciertos que están considerados como parte de las mejores actuaciones de la historia del rock'n'roll. Winter arrancó titulares como el del *Hollywood Reporter*: «Es complicado que un artista reciba una ovación con el público del Troubadour de pie, Elton John lo consiguió en dos ocasiones», firmada por John Gibson; o la sentencia de Robert Hilburn de *Los Angeles Times*: «La noche del martes en el Troubadour fue solo el comienzo. Será una de las estrellas más grandes e importantes del rock», como Kathy Orloff del *Sun Times* que afirmó que Elton John: «Ya era una estrella antes de terminar su primera actuación». Cuando John terminó su residencia en The Troubadour y se dispuso a seguir con sus conciertos promocionales en San Francisco y Nueva York, el estatus del músico había cambiado radicalmente. Dick James consiguió sacar de Universal un compromiso económico, ya que el contrato del músico le había salido completamente gratis, obtuvo una fuerte inversión publicitaria en radios y la promesa de cubrir el 50 % de los gastos de DJM en Elton John. En contrapartida Universal exigió que se organizara rápidamente una gira por territorio americano. El *tour* promocional de presentación de Elton John finalizó el 12 de septiembre con la última de cuatro noches en el Electric Factory de Filadelfia, donde ya fue recibido como una auténtica estrella del rock. A partir de este momento todo adquiere una velocidad vertiginosa. Regresan a Inglaterra para cubrir el compromiso de una actuación en el Royal Albert Hall de Londres, el 2 de octubre y sin apenas tiempo organizan una gira de 24 conciertos por Estados Unidos que comenzó el 29 de

Elton John en The Troubadour en agosto de 1970

ese mismo octubre en el Tea Party de Boston y terminó en el Swing Auditorium de San Bernardino el 5 de diciembre de 1970, más un *show* televisivo en Hollywood cinco días más tarde. Unos días antes del inicio de la gira estadounidense se editó el single «Your Song», que fue rápidamente asimilado por las principales emisoras de radio adoptando a Elton John como la nueva esperanza del rock, llegada desde el Reino Unido. Posicionó de inmediato el #8 del Billboard Hot 100 provocando que Elton John declarara a finales de año: «Me siento más norteamericano que inglés».

EL ÉXITO EN LOS EE. UU.

El éxito de Elton John llegó tres años antes de que Estados Unidos descubriera el genio de David Bowie, convirtiéndose en la primera estrella británica de la década de los setenta, asegurándose brillar por encima de cualquier otro candidato como el mencionado Bowie o los clásicos Led Zeppelin, que venían apoderándose del mercado yanqui desde 1969. Curiosamente, esa década en el Reino Unido, estuvo capitaneada por los éxitos de Marc Bolan y sus T.Rex, pero su glam rock no entró con convicción en EE. UU. Otros dos británicos del sello MCA/Universal abrieron brecha en 1971 tras el estreno de la ópera rock Jesus Christ Superstar, compuesta por Andrew Lloyd Webber y Tim Rice. Cuando en agosto de 1970 Elton John se presentó con su banda en The Troubadour, su segundo disco llevaba en las tiendas apenas un mes, pero por el contrato que le unía con DJM, el tercer disco ya estaba grabado. Las canciones de Taupin y John se enlataron en marzo de ese mismo año, en un vinilo llamado *Tumbleweed Connection*, con un claro sentimiento americanizado en textos, sonido y diseño. Incluso la portada del disco representa una estación ferroviaria del Lejano Oeste, nada más lejos de la realidad, pues se trata de una fotografía realizada a menos de 30 kilómetros de Londres en la estación de Horsted Keynes.

Tumbleweed Connection se publicó el 30 de octubre en el Reino Unido, pero encontrándose en el principio de gira de presentación de Elton John, MCA decidió posponer el lanzamiento hasta enero de 1971, cuando el *tour* hubiera finalizado. El disco tenía tal sabor americano que la presentación oficial en Inglaterra, en el Revolution Club de Londres, se realizó con cantidades ingentes de comida basura americana, a base de hamburguesas, alitas de pollo y demás rebozados en salsa barbacoa. La banda comenzó una gira por Inglaterra y Escocia que les llevó desde enero a finales de marzo, donde presentaban ya temas de *Tumbleweed Connection* pensando en rodar la banda de cara a la segunda gira americana. La producción de Taupin y John fue tan veloz que cuando se editó *Tumbleweed Connection* en Inglaterra, ya se había desgastado la banda sonora del film *Friends*, que se publicó a primeros de año, siendo una composición de Taupin y John de la que no resultaron muy satisfechos. Su objetivo estaba al otro lado del Atlántico donde se le prestaba atención y se comprendía su música, no como en Inglaterra donde se le consideraba todavía como un artista pop con un corto recorrido. «Todavía estoy luchando por librarme de la imagen mimosa y dulce de estrella pop, que medios como Radio One han vendido», declaraba en *Rolling Stone* durante la promoción del nuevo disco.

Antes de iniciar la gira americana, se rompe la relación profesional de Elton John con Ray Williams, un hombre que había sido clave en su carrera, porque entre otras muchas cosas fue quien lo descubrió y propuso el binomio Taupin/John. La nueva estrella de DJM y por consiguiente de EMI, encargada de la distribución fuera de Estados Unidos, necesitaba una figura protectora, una mezcla de *road manager* y asistente personal. Esa persona fue el joven de 21 años John Reid, estudiante de biología marina, que abandonó la carrera para buscar fortuna en el mundo de la música. Comenzó vendiendo

Elton John firmando discos a sus fans

camisetas en la marca Austin Reed, para ser contratado de promotor
en EMI, en las subsidiarias Ardmore y Beechwood, hasta que con 19
años se convirtió en gerente de Tamla Motown Records en el Reino
Unido. Reid era un joven ingenioso, trabajador y sobre todo muy as-
tuto, que pasó a ser mánager personal de Elton John manteniendo
con él una relación romántica durante bastantes años.

Cuando el 1 de abril de 1971 comienza la segunda gira americana de Elton John, en el Boston Music Hall de Boston, parece que
todos sus problemas han quedado atrás. La precariedad económica ya no existe, el reconocimiento y el éxito han llegado, por fin ha
asumido su homosexualidad y aunque de momento la mantenga
oculta, ha erradicado cualquier fantasma que estuviera cargando
de Reginald Dwight, aunque todavía quedaría un tramo final para
legalizar la muerte de Reg, de momento se negó a contestar a quien
le llamara por su antiguo nombre.

El *tour* consistió en 46 conciertos, casi todos con el *sold out* colgado en taquilla, que finalizaron en el State Farm Show Arena de Harris-
burg. La historia había dado un vuelco espectacular y John pasó de
cobrar menos de 140 libras al mes como contratado de DJM, a ganar
más de 10.000 dólares por noche durante la gira. La vida en la carretera consolidó la relación de compañerismo en el seno de la banda, solo
rota por algunas discrepancias con Reid, que intentaba controlar y or-

ganizar todo lo que tuviera relación con John. El periodista Chris Charlesworth de *Melody Maker* declaró que «Reid nunca fue hostil conmigo, pero no confiaba en la gente y trataba a todos como sospechosos, como si fuéramos a aprovecharnos de Elton John. No se trataba de celos, le preocupaba que fuera manipulado por otra persona». Bernie Taupin se casó con Maxine Feibelman, encargada del numeroso vestuario que Elton John había traído de gira e inspiradora de varias canciones del dúo de compositores, siendo la primera de ellas «Tiny Dancer», del próximo álbum en estudio *Madman Across the Water*.

A medida que iban pasando los conciertos Elton John iba creciendo sobre el escenario y cada noche ofrecía un *show* diferente, envuelto en un concepto más de entretenimiento que de cultura, algo que siempre ha definido que le fastidia sobremanera, porque la música para él es mero entretenimiento. La fama de John, la popularidad de sus conciertos y el hecho de que en su primera visita uno de los conciertos fuera retransmitido por radio, en una grabación con menos de 100 personas de público para el programa de Phil Ramone de Nueva York, dispararon los índices de piratería llegando

John y Taupin en camerinos

a ser preocupante. Gus aprovechó 20 minutos de esa actuación, que se mezclaron y masterizaron en un solo día para ponerse en circulación lo antes posible bajo el nombre de *17-11-70*, configurando el primer disco en directo de Elton John.

Al agotamiento de las giras continuas, se debe añadir que Elton John colaboró como productor y músico de sesión del nuevo álbum de Long John Baldry, llamado *Baldry, It Ain't Easy*, mientras Bernie Taupin hacía lo propio produciendo un disco bastante gótico de David Ackles y se dejó convencer por Dick James para que intentara grabar un disco bajo su nombre. Taupin entró en

Diversión y espectáculo asegurados

estudio bajo las órdenes de Gus Dudgeon para grabar un disco de poemas musicados del que reniega en la actualidad. Pero si algo positivo tuvo esa aventura discográfica fue colocar en escena a Davey Johnstone, guitarrista acústico que se convertiría en el cuarto miembro de la Elton John Band y a la larga en el *sideman* más veterano del grupo.

Johnstone era un reputado guitarrista folk que había militado en Draft Porridge, con quien había registrado un disco en 1969, año en que se enroló en Magna Carta como segundo guitarrista. Precisamente en esa banda conoció a Gus, que llevó la producción del álbum *Songs From Wasties Orchard*, por lo que cuando Taupin entró a grabar, Gus le recomendó los servicios de Johnstone.

La velocidad con que vive la banda les lleva a terminar la gira americana para realizar una gira de seis conciertos por Suiza, Dinamarca, Inglaterra y Portugal, sin apenas tiempo de entrar a grabar el nuevo álbum en tres únicas sesiones, los días 9, 10 y 14 de agosto de 1971. El descontrol de agenda les llevó a marchar de Trident Studios para tocar en el festival portugués Vilar de Mouros, en un viaje relámpago de un día, e ingresar de nuevo en la grabación. Dinámica que poco a poco iría minando la salud y provocando un deterioro que pasaría factura en el futuro, con la banda completamente agotada.

FORZANDO LA MÁQUINA AL LÍMITE

La actividad de Elton John en directo es frenética, tras finalizar el *tour* de presentación de *Tumbleweed Connection* por Estados Unidos el 16 de septiembre, tan solo tienen escasos quince días para volver a la carretera e iniciar el nuevo *tour*. La primera cita será el 5 de octubre en el Shibuya Kokaido de Tokio, lugar escogido para iniciar la gira de presentación de *Madman Across The Water*. Serán seis conciertos en Japón, una visita a Nueva Zelanda, seguida de un nuevo tramo de cinco conciertos en Australia, que finalizaron el 31 de octubre en el Royal Randwick Racecourse de Sídney. Un mes de conciertos que sirvieron para abrir un nuevo mercado que estaba siendo receptivo a la música de Elton John y que con la conclusión de la gira impulsó el disco, *Madman Across The Water*, al puesto #13 en los *charts* japoneses y al #8 en los australianos, dos mercados que jamás le fallarían.

El 5 de noviembre se editó el disco en el Reino Unido, pero su registro de entrada no fue para nada brillante, lógico si tenemos en cuenta que era un trabajo encaminado al mercado de Estados Unidos, donde vendió más de un millón de copias.

Elton John disfrutaba más del estatus alcanzado en EE.UU. que en su propia casa, y no es porque faltaran apoyos de promoción, sino por haber encaminado su sonido a un género netamente americano, el country y el sabor americano. «Top Of The Pops» recibió a Elton John el 7 de diciembre para interpretar «Tiny Dancer», el tema más impactante del disco, mientras que al día siguiente visitaban los estudios de la BBC para una actuación completa, donde presentaron por primera vez en Europa el nuevo álbum. Esa actuación fue el pistoletazo de salida de la gira Europea, que comenzaría el 10 de diciembre en el Newcastle City Hall, para finalizar el 20 de marzo de 1972 en el Jahrhunderthalle de Fráncfort, dejando tras de sí 21 actuaciones en Inglaterra, Escocia y Alemania.

Elton John en un plató de televisión

El programa «Top Of The Pops» en 1971 tenía una audiencia de más de 16 millones de telespectadores, cifra que todavía hoy pone los pelos de punta. La BBC y su parrilla de Dj's marcaban las tendencias de moda en la música británica y poseían la varita mágica para ensalzar o hundir a un artista, o como en el caso de Elton John equivocarse en su ubicación estilística. Tanto unos como otros decidieron colocar a Elton John en la urna del glam rock o glitter rock, donde deambulaban nombres como Marc Bolan y sus T.Rex, David Bowie, Roxy Music, Slade, Sweet, Wizzard o Alice Cooper. Dj's como Noel Edmonds o Tony Blackburn se fijaron más en los estrafalarios trajes de John, su gran colección de gafas y zapatos con alzas en lugar de su música, pero la etiqueta estaba puesta y quitársela era muy complicado. Elton John tomó la decisión de pasar página, que *Madman Across The Water* era el punto final de una etapa y que comenzaban a escribir una nueva y diferente. El primer cambio fue incluir en la banda a Davey Johnstone, guitarrista que había trabajado en el disco de Bernie Taupin y que se convertiría en una pieza esencial para este nuevo sonido. La banda pasó de trío a cuarteto y Johnstone, que tenía una estupenda voz, potenció los coros de los temas, ganando en limpieza e impacto.

John Reid asesoró a Elton para marchar de Inglaterra a la hora de grabar, en un momento en el que el gobierno británico endureció los impuestos sobre los trabajos con beneficios de terceros, implicando de lleno a autores e interpretes, así como gravando considerablemente los impuestos de las grabaciones y producciones discográficas. También marcharon a grabar lejos de Gran Bretaña The Rolling Stones, que registraron en Niza su *Exile On Main St.*, o Deep Purple en Montreux su magnífico *Machine Head*. Elton John se decantó por Château d'Hérouville, un castillo del siglo XVIII cerca de París, donde se encerraron en enero de 1972, bajo la producción de Gus Dudgeon, para trabajar en el álbum que significaría la explosión de creatividad y la llegada al éxito de Elton John.

Los cambios burocráticos también ocuparon parte de la actividad de Elton John en el primer trimestre de 1972. Los beneficios económicos de las giras y los *royalties* que van apareciendo de los discos cambian por completo la vida de John, que decide comprar una casa de 50.000 libras en una de las zonas más prósperas de Eton, condado de Berkshire, el 14 Abbots Drive en Virginia Water. Ahí se

muda con Reid y su enorme colección de vinilos, pero la ostentación se refleja en el nuevo Rolls Royce que se ve en el interior de la finca. A Sheila y a su padrastro Derf, les regala una casa de 15.000 libras en Ickenhan y un automóvil MGB, además de apoyarles para que contrajeran matrimonio. En ese momento es cuando Elton John decide romper definitivamente con su pasado y sobre todo con cualquier tipo de relación burocrática con su padre y se cambia legalmente el nombre de Reg Dwight por el de Elton Hercules John. Aunque hay muchas especulaciones del porqué de Hercules, lo cierto es que es un homenaje a un caballo que aparecía en la serie de televisión británica *Steptoe And Son*, no solo lo adoptó como apellido sino que nombró a la casa con el mismo apelativo.

CONSTRUYENDO ROCKET MAN

El concepto musical de Elton John cambió para el nuevo disco, que utilizaría el nombre del castillo donde se grabó, *Honky Château*, pero por encima de todo lo demás brilló con luz propia el tema «Rocket Man». Se trataba de una letra de Taupin que John descifró en diez minutos matinales delante de un café, para grabarla inmediatamente antes de pervertirla con más ideas.

«Rocket Man» se lanzó a primeros de abril de 1972, días antes de emprender un nuevo *tour* por Estados Unidos. El sencillo llegó al #6 en el mercado americano y al #2 de las listas británicas. El trabajo de guitarras de Johnstone es imprescindible para el éxito de la canción y la producción de Gus era portentosa, pero no olvidemos que Dudgeon fue el productor de «Space Oddity» de David Bowie y sin querer polemizar sobre qué tema es mejor, lo cierto es que las dos canciones tienen muchas similitudes y «Rocket Man» está, al menos, inspirada en el tema de Bowie. Antes de comenzar el nuevo *tour* americano, le dio tiempo para grabar su participación en *Born To Boogie*, la película de Marc Bolan. Elton John entabló una gran amistad con el líder de T.Rex y llegó a participar en el programa «Top Of The Pops» como teclista de la banda de Bolan, interpretando el éxito «Get It On». En el film *Born To Boogie* Elton John grabó el «Tutti Frutti» de Little Richard, más el «Children Of The Revolution».

El 11 de abril de 1972 comenzó otro periplo americano de Elton John, pero lo hizo con un único concierto dedicado a *Madman Across The Water*, celebrado en el Municipal Auditorium de Kansas City. La gira de presentación de *Honky Château* comenzó el 27 de abril en el Heart O'Texas Coliseum de Waco, y se desarrolló durante 18 conciertos para terminar el 16 de mayo en el Municipal Auditorium de Austin, Texas. En ese periodo de tiempo *Honky Château* alcanzó el #2 en Inglaterra y el #1 en Estados Unidos, en una carrera imparable de ventas que terminó por certificarlo Disco de Platino.

Cuando terminó la gira americana la banda estaba satisfecha pero totalmente agotada, por lo que era de imperiosa necesidad descansar, más si tenemos en cuenta que durante el *tour* Elton John contrajo mononucleosis y fiebre glandular, obligando a estar muy por debajo de sus registros habituales de voz en el último tramo, donde los coros de la banda lo tuvieron que arropar en más de una actuación. Sin embargo el contrato con DJM le obligaba a entregar dos discos por año y como ha sucedido en otras ocasiones, esa perversión mercantil no se puede romper, seas quien seas. Elton John declaró años más tarde que cuando llegó a Londres, habló con Gus Dudgeon para comunicarle que estaba enfermo: «Estaba realmente enfermo y muy lento. No podía hacer el nuevo disco. Le propuse irme de vacaciones y grabar en septiembre después de la gira europea». Gus pensó que era una buena idea, pero Dick James no lo aceptó y en junio de 1972 el equipo se desplazó de nuevo a Francia para trabajar en Château d'Hérouville. Según John: «es una forma terrible de trabajar. Estaba muy enfermo y tuvimos grandes peleas. Creo que tardé más de cuatro meses en dirigirle la palabra a Dick».

Terminada la grabación de *Don't Shoot Me I'm Only the Piano Player*, con menos de una semana de descanso, la banda se sumergió en la segunda parte del *tour* de presentación de *Honky Château*. Una segunda ronda terrorífica con ocho conciertos británicos que dieron paso a iniciar un nuevo *tour* americano, el más grande hasta la fecha; entre el 26 de septiembre que actuó en Nueva York y el 26 de noviembre que se despidió en St. Petersburg, el contador fichó 49 actuaciones por todo el país. Era tan aberrante la agenda impuesta por DJM y marcada por una avaricia descomunal, que la banda tuvo que volar a Inglaterra nada más acabar el concierto del Sport Arena de San Diego el 27 de octubre, para actuar en el 30 de octubre en el evento benéfico de The Royal Variety Charity, donde se celebraba el quincuagésimo aniversario de la BBC. Actuaban entre otros Liberace, Jack Jones, The Jackson Five y Elton John. La banda de Elton John interpretó solo dos temas, «I Think I'm Going to Kill Myself» y «Crocodile Rock», para volver a coger un vuelo trasatlántico y regresar a Estados Unidos, donde el 1 de octubre se subían al escenario del Gallagher Hall de Stillwater para continuar la ruta americana. ¡Demencial!

ÉXITO, LOCURA, FAMA, FINAL DE UNA ETAPA

En enero de 1973 se publicó el álbum *Don't Shoot Me I'm Only the Piano Player*, con este disco se terminó la seriedad americana de *Tumbleweed Connection y Madman Across The Water*, se alejaron de la austeridad de *Honky Château* y abrazaron la locura como máxima expresión. El disco, a pesar de ser grabado con Elton John enfermo y en baja forma como ya hemos visto, entró como un meteoro en los mercados convirtiéndose en su segundo álbum #1 en Estados Unidos, arropado por el éxito de «Cocodrile Rock», el primer single en llegar al #1 en el mercado yanqui. El álbum fue #1 en Inglaterra y en media Europa.

El 25 de enero 1973 Elton John visita «Top Of The Pops» e interpreta el tema «Daniel» y salta la polémica. Un sector de la prensa quiso reconocer en el tema al novio gay del artista y comenzaron a cuestionarse su homosexualidad. En verano del 72 fue David Bowie quien apareció en «Top Of The Pops» para grabar «Starman» y a mitad de la canción abrazó a Mick Ronson para cantar juntos el estribillo, haciendo que se tambalearan los cimientos del conservadurismo británico, un hombre pintado y medio travestido abrazó a otro en televisión. Pero Elton John era muy precavido con el tema de la privacidad de su sexualidad, mientras que Bowie declaraba su bisexualidad siendo claramente heterosexual, John que tenia una relación estable con Reid, ocultaba su condición sexual ante una sociedad que era mayoritariamente intolerante con los gais. «Daniel» fue un tema muy mal comprendido, que nada tenía que ver con una supuesta homosexualidad, pero un cambio en el texto de Taupin propició la confusión. El poema le parecía muy extenso a John, que recortó el último verso, donde dejaba claro que el tema de la canción era la historia de un veterano de Vietnam que cuando finaliza la contienda escapa a España para intentar empezar de cero. Al suprimir el último verso se pensó que hablaba de un amante de Elton John. La polémica de «Daniel» también afectó a la relación de John con Dick James, quien se negó a publicarlo como single hasta que no consiguió que la mitad de los gastos de edición y promoción corrieran a cargo del propio Elton John.

El 24 de febrero del 73 se inicia la gira de presentación de *Don't Shoot Me I'm Only the Piano Player* en Starlight Rooms de Boston, Inglaterra, serán una veintena de conciertos que finalizan en el Hard

Rock Café de Manchester el 27 de marzo. Elton John anunció la creación del sello Rocket Records con Gus Dudgeon, Steve Brown, Bernie
Taupin y John Reid como socios, el 16 de septiembre de 1972. Llegó
el tiempo de presentar su primera publicación, *Loving And Free* de
la vocalista Kiki Dee, quien con 17 años fue la primera vocalista europea que fichó por Motown. El disco lo produjeron a medias Elton
John y Clive Franks y tuvo un recorrido altamente positivo en ventas,
debido al éxito del single «Amoureuse», que se mantuvo en el Top 40
durante tres meses, llegando al #13. En el futuro la lista de grabaciones de Rocket Records incluyó al hermano de Nigel Olsson, Longda-
ncer, Steve Sproxton y Dave Stewart, quien con el tiempo triunfó al
frente de Eurythmics.

Italia era un país que comenzó a marcar diferencias en los números de ventas de la vieja Europa, por consiguiente se imponía una
visita de siete actuaciones durante el mes de abril, siendo el único
país del continente que visitó el *tour* en esta primera manga.

Terminada la gira italiana la banda se toma unas pequeñas vacaciones y Elton John y Bernie Taupin componen casi la totalidad de
los temas del nuevo disco en tan solo dos semanas en las que permanecen alojados en el Pink Flamingo Hotel en Kingston, Jamaica.
Su intención era grabar en los Estudios Dynamic Sound, de la misma
ciudad jamaicana, pero los disturbios ocasionados por el combate
de boxeo entre Joe Frazier y George Foreman los persuadieron para
abandonar los planes y retornar a grabar en Château d'Hérouville
de Francia. Elton John prefería grabar en los Trident estudios y que
la producción la llevaran a medias Gus Dudgeon y Ken Scott, quien
había mezclado el álbum *Madman Across The Water* y poseía un currí-
culum impresionante junto a The Beatles, Pink Floyd, Procol Harum,
Mahavishnu Orchestra y Jeff Beck Group entre muchos otros. Aquí se
produjo una de las numerosas manipulaciones de John Reid, quien
no estaba de acuerdo con Ken Scott, sin que el resto del equipo supiera muy bien la razón. Desde Jamaica y sin consultar a nadie reservó los estudios Château d'Hérouville, para más tarde alegar que
Scott era muy caro, al cobrar 100 libras por día, pero a todas luces 700
libras de presupuesto no es un precio excesivo para un disco de Elton
John a estas alturas. El trastorno de Jamaica y los problemas deriva-
dos de la actitud de John Reid, les dieron un valioso tiempo muerto a
Taupin y John que aprovecharon para componer temas nuevos. Si en

Kingston ya tenían todos los temas del álbum compuestos, cuando se instalaron en Francia tenían el doble, por lo que se decidió que el nuevo disco sería un doble vinilo.

Cuando terminaron de grabar el álbum *Goodbye Yellow Brick Road*, la banda ya estaba lista para saltar de nuevo a la carretera en una gira americana que fue una auténtica locura con 43 conciertos con el *sold out* colgado y un Elton John que llevó el desparpajo escénico a cotas jamás alcanzadas. La gira comenzó el 15 de agosto en Municipal Auditorium de Mobile y terminó el 21 de octubre en el Florida Gymnasium de Gainesville. Una fecha emblemática de esta gira fue el concierto del 7 de septiembre en el Hollywood Bowl de Los Ángeles, donde con todo vendido se llegaron a comprar entradas de reventa a 500 dólares. Linda Lovelace, protagonista del film *Garganta profunda* hizo de *speaker* del evento presentando con gran descaro y de una forma impensable en el Reino Unido, pero esto era América y más en concreto Hollywood. «Señoras y señores, permitan que les presente a la Reina de Inglaterra Elizabeth II», bajando por una escalinata una doble que parecía idéntica, «seguida de cerca por su majestad El Rey», siendo en esta ocasión un doble de Elvis Presley quien recorría la escalinata. Esa noche desfilaron

Batman y Robin, Superman, Groucho Marx, Marilyn Monroe, Mae West, los Beatles e incluso el Monstruo de Frankenstein. Finalmente Linda gritó a la audiencia: «Con ustedes la persona que estaban esperando, el más grande», mientras que el público intenta adivinar la silueta de Elton John, es Bernie Taupin quien aparece y suelta 400 pájaros que comienzan a revolotear desesperadamente mientras que en el otro extremo John comienza a tocar las primeras notas de «Elderberry Wine».

John consiguió en esta gira que todos lo calificaran como el *show* más loco, estrafalario y divertido del planeta. Sus disfraces, sus zapatos de plataforma, estaban ahora eclipsados por la enorme colección de gafas que desplegó en esta visita a Estados Unidos. Algunas de esas lentes de una extravagancia realmente fuera de lo común, como las que llevaban una pantalla con luces de neón que se iban encendiendo como un psicodélico al ritmo de la música y que tenían un coste de 5.000 dólares. Gafas de plumas de pavo real, en forma de corazón, de caballito de mar, gafas enormes, gigantescas y más llamativas cada día, algunas incluso con su propio limpiaparabrisas en funcionamiento. Quizás todo se volvió demasiado loco, pero es lo que él pretendía. «Soy un chico rechoncho de 26 años

que se está quedando calvo y vende millones de discos. No soy Mick Jagger, Rod Stewart o David Bowie, no soy *sexy*, así que me divertiré mientras actúe sin pensar en lo ridículo que parezca. ¡Tirad todas las reglas por la ventana!» Quizás la única persona que no estaba de acuerdo con esta locura desenfrenada era Taupin, que cada día que pasaba se percataba de que la aceptación de sus textos estaba supeditada al tipo de lentes que decidiera colocarse Elton John.

El 5 de octubre se editó *Goodbye Yellow Brick Road* y repitió como #1 en Estados Unidos e In-

glaterra, al mismo tiempo que coronaba las listas de Canadá y Australia. Con el paso de los años se ha convertido en el álbum de estudio más vendido de Elton John con más de 30 millones de copias. La coherencia del álbum se debe al gran momento que atravesaba la banda como cuarteto, que eran el complemento perfecto a las composiciones de Taupin y John.

El 1 de noviembre Elton John volvía al «Top Of The Pops», en esta ocasión para grabar el tema «Goodbye Yellow Brick Road», pero el álbum ya estaba dominando las listas británicas. El 27 de noviembre comenzaba en el Colston Hall de Bristol la nueva tanda de conciertos para presentar el álbum con 18 *shows* por Inglaterra y Escocia que se cerraban con cuatro actuaciones seguidas en el Hammersmith Odeon de Londres, el 22, 23 y 24 de diciembre (el día 23 realizaron dos *shows*). El año 1973 terminó con un éxito rotundo de Elton John, que vio como el single independiente «Step Into Christmas», se colaba en el Top #30 esas navidades compartiendo protagonismo con «Merry Christmas Everybody» de Slade. Pero posiblemente sea el punto más alto de su carrera musical, 1974 marcó el final de la inocencia y el inicio de la caída desenfrenada.

SEGUNDA PARTE: VOLANDO EN CAÍDA LIBRE

No quiero que tú y yo compartamos la misma tumba. Estoy harto de ti. No quiero morir así. Tú has sido mi puta... he pasado buenas noches contigo y siempre he vuelto a ti cuando te he dejado. Esta vez ha de ser un adiós definitivo.

Elton John, carta de despedida a la cocaína.

DISCOS, GIRAS Y COCAÍNA

En enero de 1974 la banda entra en los estudios de Caribou Ranch de Nederland, Colorado, bajo una presión insostenible de DJM que les obligaba a cumplir sus dos discos por año. Por temas de logística de cara a la inminente gira por Japón, Elton John pensó que sería bueno grabar en los Estados Unidos, pero a la larga fue un tremendo error. «Fue la primera ocasión que grabamos en América y no pudimos adaptarnos al sistema de monitores del estudio. Nos resultaba un sonido muy plano y no teníamos perspectiva de las grabaciones», declaraba John años más tarde a *Melody Maker*. En realidad se compusieron y grabaron 14 temas en tan solo 9 días, en un sistema poco saludable y poco productivo, una prueba de ello es el tema «Solar Prestige a Gammon», una recopilación de tonterías y estupideces sin sentido durante casi tres minutos, a modo de reivindicación y protesta; «da igual lo que ofrezcan, aunque sea basura, todo vale por el negocio». Elton en varias ocasiones ha dicho refiriéndose a *Caribou*: «Jamás pensé que sacaríamos un álbum así». Finalizada la grabación, la banda viaja a Japón para ofrecer una gira de 16 conciertos por el país nipón, Nueva Zelanda y Australia. En las actuaciones, que les ocupan desde el 1 de febrero al 18 de marzo, se presenta el álbum *Goodbye Yellow Brick Road*, con la incorporación definitiva del percusionista Ray Cooper, quien pasaría a ser un elemento importantísimo desde este momento en la carrera de Elton

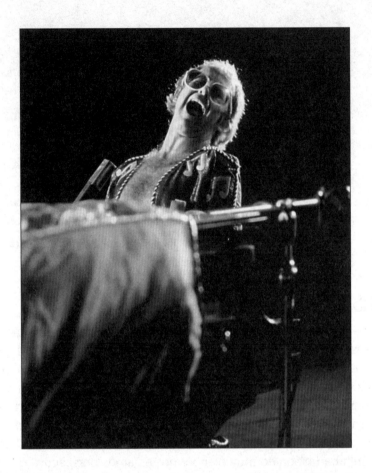

John. La banda que los acompaña como teloneros es Kiki Dee Band, que estaba preparando su segundo disco para Rocket Records y que terminaría con una relación sentimental entre Kiki y el guitarrista Johnstone.

Durante la grabación de *Caribou* la cocaína entró por la puerta grande en la familia. Ese fue uno de los inconvenientes de grabar en Estados Unidos, donde la escena estaba poblada de camellos que vieron en la década de los setenta un negocio próspero en el rock. Eran tan importantes como las estrellas de rock, más poderosos que los mánagers y sucumbieron a sus encantos ficticios, incluso las discográficas. De todos era sabido el consumo de alcohol, en mayor o menor medida y que en el caso de Elton John, Bernie Taupin y John Reid, podía comenzar a ser perjudicial; pero la entrada de la cocaína lo agravó todo. La sensación de poder que aporta su consumo, provocó episodios de despotismo en Reid, un personaje de por sí oscuro y con problemas de conducta. Reid amplificó su postura protectora hacia Elton John, llegando a rozar la paranoia, para él el artista siempre era el primero, pero traspasó la línea enfermiza de la sobreprotección. En uno de los conciertos acudió a la mesa de sonido para increpar a Clive Franks, técnico de la mayoría de giras de Elton John, obligándole a subir el piano. Franks le aseguró que si subía el instrumento se comería la voz y John se quedaría afónico, obteniendo por respuesta una amenaza: «Sube ese jodido piano o mañana estarás despedido y de vuelta a casa». Franks se autodespidió y abandonó la mesa en ese momento. Reid lo alcanzó en *backstage* y tuvieron una fuerte pelea, de la que salió mal parado el mánager, por lo que pensaba que había logrado que Elton le pusiera de patitas en la calle, pero lo único que consiguió es que le asegurara a Reid: «Intenta ser más amable con la gente o te despido yo a ti». La relación sentimental de John y Reid se estaba deteriorando a la misma velocidad que la cocaína entraba en sus vidas, sobre todo porque Reid tensaba mucho la cuerda. En Nueva Zelanda tuvo una fuerte discusión con un camarero de una recepción anterior a la actuación del Western Springs Stadium. Reid montó en cólera porque se había acabado el whisky, faltando al respeto al joven mozo, por lo que fue recriminado por la periodista Judith Baragwanath, que recibió un fuerte puñetazo del mánager. El incidente involucró también a Elton John, cuando el compañero de la periodista acudió a defenderla y John se puso en medio agrediéndole y amenazándole, mientras que Reid lo derribó de otro puñetazo y lo pateó en el suelo. Ambos fueron arrestados, pero mientras que Elton John pudo salir del calabozo pagando una fuerte multa, John Reid fue condenado a un mes de prisión. En un principio Elton John se negó a actuar en el concierto programado para el 28 de febrero de 1974, pero los costes económicos le obligaron a recapacitar. No obstante, el equipo de gira recibió amenazas de diferente índole, hasta tal punto que las autoridades les pusieron protección, tal y como recordaba Franks: «estaba controlando el sonido con dos soldados con rifles a mi lado controlando al público». La comitiva de la gira tardó varias horas en poder volar a Australia, porque en el aeropuerto se recibieron varias llamadas avisando de la colocación de una bomba en su avión.

Bernie Taupin, por su lado, terminó de destrozar su matrimonio con Maxine Feibelman, encargada del vestuario y que viajaba con el grupo, por lo que le fue muy sencillo encontrar una excusa para pasar del alcohol a la coca. Al finalizar la gira, tenían casi un mes de descanso antes de ponerse de nuevo en movimiento, tiempo que Elton John aprovechó para grabar su famosa participación en la película de Ken Rusell *Tommy*, basado en la ópera rock del mismo nombre de The Who. John y la banda grabaron una maravillosa versión del «Pinball Wizard», donde destaca el frenético piano de entrada al tema y que da paso a uno de los acordes de guitarra más famosos de la historia, creado por Pete Townshend, en una versión alocada e histérica que asumirían como un gran éxito al editarlo de single a principios de 1976, consiguiendo un Top 10.

FÚTBOL Y ROCK'N'ROLL

El 5 de mayo Elton actuó en el Vicarage Road, festival que propuso el propio artista cuando recibió la comunicación de su club de fútbol de toda la vida, el Watford Football Club, en la que se le informaba de la precaria situación económica por la que atravesaba,

jugando en la tercera división inglesa y con riesgo de desaparecer. Elton John se ofreció a actuar con las entradas al módico precio de una libra y además a invitar a algunos amigos. El DJ fue el reputado John Peel, el grupo Nazareth se ofreció para abrir la tarde y Rod Stewart, con quien Elton John ha mantenido una gran amistad desde siempre, apareció como artista invitado. Otro concierto benéfico en el que participó se produjo el 18 de mayo en el Royal Albert Hall de Londres, a beneficio de Invalid Children's Aid Society. La grabación de este concierto se utilizaría en la edición del segundo directo de su carrera, *Here And There*, en 1976.

John mostrando su colección de gafas

El 28 de junio se pone a la venta el nuevo disco, *Caribou*, que es recibido con disparidad de criterios entre prensa y público. Los primeros se muestran bastante escépticos, mientras que los fans consiguen que el resultado sea una ascensión imparable para coronar las listas de EE.UU. y Reino Unido. El mismo mes de su edición, Elton John firma un nuevo contrato con MCA para el mercado americano y Canadá, las estadísticas del británico hacen subir la puja del sello discográfico que finalmente propone un contrato de ocho millones de dólares por los próximos seis discos, convirtiéndolo en el artista mejor pagado del planeta.

En agosto la banda se encierra de nuevo en los estudios Caribou Ranch para grabar el álbum más personal de Taupin y John, *Captain Fantastic and the Brown Dirt Cowboy*, un disco autobiográfico de la pareja que narra sus aventuras y desventuras dentro de la industria musical desde 1967, cuando Ray Williams los juntó para componer, hasta 1969, año en el que grabaron el primer disco. Terminado el disco, se inicia una nueva gira americana de 36 conciertos, donde se vuelven a producir situaciones bastante surrealistas como que termine un concierto el 23 de noviembre en New Haven y deban volar a Londres para grabar un «Top Of The Pops», con el tema «The Bitch Is Back», para tres días más tarde, el 28 de noviembre, presentarse en

el Madison Square Garden de Nueva York en el que posiblemente
fuera el concierto más importante de esta gira, donde actuó de invitado John Lennon. En octubre del 74 estaba todo listo para editar
el nuevo disco en estudio de Elton John, pero la compañía lanzó
Greatest Hits el 8 de noviembre y retrasó la salida del nuevo trabajo.
La recopilación tuvo un efecto fulminante y se colocó, a los pocos
días de ponerse a la venta, a la cabeza de las listas de Estados Unidos e Inglaterra, donde permaneció en esa posición durante diez
semanas consecutivas en el mercado yanqui y once en el británico.
Además fue el disco más vendido en Estados Unidos en 1975.

El año terminó para Elton John con los conciertos de Navidad
del Hammersmith Odeon de Londres, del 20 al 24 de diciembre con
todo vendido. 1975 sería un año de grandes y drásticos cambios, algunos de ellos incomprensibles. La relación entre Elton y John Reid
se rompió, aunque se mantuvo la relación laboral y seguía siendo su
representante. Era algo que se adivinaba desde hacía tiempo y posiblemente una solución para que los dos, por caminos separados
abandonaran su tóxica relación con las drogas y el alcohol. Precisamente la influencia de la cocaína es lo que muchos esgrimieron
cuando Elton John, sin un razonamiento previo, despidió a Nigel
Olsson y Dee Murray, la base rítmica que le había acompañado en
sus mejores momentos y el corazón de la Elton John Band. Lo hizo
en el momento en que estaba a punto de editarse el que para mu-

chos es su obra maestra y lo hizo de la peor manera posible, como aseguraba Olsson, «fue como una patada en los huevos y una putada total. No había insinuado nada y una semana antes me llamó entusiasmado porque se habían vendido todas las entradas del Dodger Stadium (Los Ángeles). Luego recibí una llamada de Steve Brown y me dijo que Elton no quería que grabásemos ni tocásemos con él. Me quedé helado». Años más tarde, cuando se había librado de sus adicciones, declaró en la BBC: «Realmente no entiendo por qué lo hice. Era como intentar cambiar mi vida y empezar por la música. Habíamos llegado tan lejos como pudimos». Fuera como fuese, el daño ya estaba hecho.

CAMINO DEL INFIERNO

El incomprensible movimiento de Elton John, despidiendo a Olsson y Murray vino seguido de una serie de acontecimientos que precipitaron un final de década horrorosa, no solo para el pianista, sino para todo el equipo que lo rodeaba. La nueva banda quedaría configurada a petición de John, para rockear al máximo tal y como él mismo dijo: «Por fin tenía una auténtica banda de rock'n'roll, donde yo era el peor de todos». La guitarra y su mano derecha por el momento seguiría estando en posesión de Davey Johnstone, mientras que Ray Cooper se volvía cada vez más imprescindible, ya que no solo era un gran percusionista, también era un elemento visual muy efectivo en los conciertos. Manteniendo este dúo de asiduos, recluta a viejos conocidos como Caleb Quaye como segundo guitarrista y al antiguo batería Roger Pope. Aparece un tercer guitarrista para afianzar esa idea de banda de rock poderosa, Jeff Skunk Baxter de Doobie Brothers, mientras que el bajo se lo proporciona Kenny Passarelli, bajista norteamericano que militó en Barnstorm y junto con Joe Walsh compuso el clásico «Rocky Mountain Way», cerrando la nueva escudería James Newton Howard, pianista californiano que provenía de la escena clásica universitaria y que acometía su primera experiencia con el rock.

Caleb había declarado en el pasado que no le gustaba la música que había terminado haciendo Elton John y así se lo volvió a manifestar, incluyendo una condición para regresar a la banda, jamás tocaría «Crocodile Rock». Con la banda completa, el equipo se traslada a Ámsterdam con Clive Franks, quien seguiría ejerciendo de técnico de sonido, pero lo que se presuponía como un *staff* idóneo para engrasar la máquina, trajo consigo más problemas de la cuenta. El espacio de trabajo se convirtió sin proponérselo en un lugar de paso para todo tipo de individuos que deambulaban por la escena *underground*, como también camellos, aduladores o simplemente esnobs y chupópteros que revolotean por donde huele a rock star. Keith Moon de The Who y Ringo Starr eran asiduos de los ensayos, que con su presencia terminaban convirtiéndose en bacanales de alcohol y drogas, en las que se sumergían todos sin excepción, pero posiblemente uno de los más perjudicados sería Caleb Quaye que declaraba años más tarde recordando la estancia en Ámsterdam: «Me pasé cuatro días a base de cocaína con Ringo, que estaba peor que yo. No se acordaba ni de haber grabado *Sgt. Pepper's Lonely Hearts Club Band*».

En medio del *staff* de preparación de gira, se editó *Captain Fantastic and the Brown Dirt Cowboy* con una portada desplegable maravillosa creada por el diseñador Alan Aldridge. El disco se posicionó directamente en el #1 de Estados Unidos y se calcula que en los primeros cuatro días vendió más de 1.4 millones de discos. La crítica se rindió ante la calidad del álbum y rápidamente lo catalogó como la obra maestra de Elton John, algo que el propio músico sigue considerando con el paso de los años: «Para mí, *Captain Fantastic* siempre será el todo».

Pero aquí John tomó una decisión que *a priori* podría resultar interesante, pero resultó un nefasto fracaso. Se decidió a presentar el disco en un concierto en el estadio Wembley de Londres, con un cartel que hoy en día seguiría maravillando al público. Para calentar el ambiente de cara a la presentación del disco que había entrado directamente al #1 de EE.UU. y al #2 en el Reino Unido, se marcó un *timing* netamente americano con Joe Walsh, Eagles y The Beach Boys, con las 75.000 entradas a 3,5 libras agotadas a los dos días de su publicación. Elton John quiso presentar a su nueva banda y el disco por todo lo alto y confeccionó un *set list* dividido en dos partes, una primera donde sonaron temas de su repertorio habitual, mientras la segunda parte la dedicó al álbum *Captain Fantastic and the Brown Dirt Cowboy*, interpretándolo en el mismo orden de posición del disco, manteniendo el relato y la coherencia del trabajo,

pero no funcionó. En Inglaterra se vendieron 100.000 copias del álbum al año y medio de publicarse, pero de las 75.000 personas que abarrotaban el Wembley Stadium muy pocas se habían hecho con una copia y por lo tanto desconocían las canciones, de un material muy introspectivo y diferente a lo que estaban acostumbrados de Elton John. Si bien era cierto que la banda sonaba a la perfección y con una tremenda potencia, el repertorio era ajeno al público y duró demasiado, casi una hora de canciones que no conectaron con el respetable que a su vez adivinaba que muchos clásicos se iban a quedar fuera. Ello hizo que a mitad de concierto el público comenzara a impacientarse y terminó por abuchear a la banda y un número considerable abandonó el estadio. Clive Franks, como técnico de sonido de esa noche, declaró: «Era algo que se tendría que haber hecho en un club, no en Wembley a reventar. Fue un tremendo error». Sin apenas tiempo para digerir el error de Wembley, el equipo se traslada a Colorado para grabar el nuevo álbum en los estudios de Caribou Ranch durante lo que queda de junio y el mes de julio. La consistencia de la base rítmica se ha perdido, ya no están Olsson y Murray, pero parece que se gana en groove y funk, con un resultado que sería un trabajo netamente americanizado.

EL OCASO DE LOS DIOSES

Pero la estancia en los estudios fue un verdadero desastre personal para diferentes componentes del grupo de trabajo. El primero de ellos Bernie Taupin, cada día más metido en el interior de una botella y viendo cómo su matrimonio con Maxine se escapaba día a día. Finalmente, la relación estalló cuando Maxine inició un idilio sentimental con el nuevo bajista de la banda, Kenny Passarelli, creando una coyuntura insostenible que describía Caleb: «Bernie estuvo aguantando en el estudio y jamás provocó ninguna situación difícil, pero había tensión. Él comenzó a beber más de lo habitual». La coca volvió a hacer estragos entre el *staff*, afectando de forma especial a Elton John, John Reid, Caleb Quaye e incluso a Clive Franks, que no era un habitual consumidor. Todos estaban rodeados de drogadictos, personajes habituales del séquito y que sin ningún control ni cerebro fueron arrastrando a los más débiles al pozo, como los agujeros negros que devoran la materia y la destruyen.

Al otro lado del Atlántico la prensa británica se mostraba más interesada por la vida personal de Elton John que por su música, era más importante que el músico hubiera adquirido una finca de 400.000 libras en New Windsor, convirtiéndose en vecino de la reina de Inglaterra, que saber que el último álbum estaba batiendo récords de ventas en Estados Unidos.

Elton John americanizado

El 25 de agosto, John regresó al The Troubadour para celebrar el quinto aniversario de los *shows* que le abrieron las puertas al mercado americano. Se realizaron seis actuaciones en tres días, que dieron inicio a la gira americana de *Rock of The Westies*. Un total de 17 actuaciones con un recorrido marcado en Estados Unidos y Canadá, volando con el Rock Of The Westies Express, un Boeing 720, modelo Roden 1/144, adquirido por Elton John para realizar sus giras americanas. El *tour* finalizó

con dos conciertos en el Dodger Stadium en Los Ángeles, siendo la primera vez que una banda de rock tocaba allí desde que lo hicieran The Beatles el domingo 28 de agosto de 1966, en lo que sería su penúltimo concierto. El 24 de octubre de 1975 se editó el álbum *Rock of The Westies*, que entró directamente al #1 del Billboard americano, vendiendo más de 100.000 copias ese día. El mismo día Elton colocó una estrella en el Hollywood Walk of Fame. Durante la ceremonia se tuvo que cerrar el acceso de público a Hollywood, porque más de 9.000 personas intentaban llegar al lugar, siendo la primera vez en la historia que se procedía a impedir el acceso. Ese hecho dio paso al Elton John Week, fin de semana dedicado al cantante inglés y declarado de interés cultural para la ciudad de Los Ángeles por su alcalde Thomas Bradley. Para los conciertos del Dodge Stadium, Elton John había invitado a toda su familia (a excepción de su padre), además de las familias de los músicos, técnicos, empleados de Rocket Records e incluso vecinos, que llegaron desde el Reino Unido en un vuelo especialmente fletado para la ocasión. A pesar del éxito del final de gira, Elton John daba muestras de agotamiento extremo, tanto físico como mental, agravado por una elevada ingesta de alcohol y cocaína que se había vuelto cotidiana y peligrosa. Su estado de depresión se manifestaba en la decoración de su nueva casa de

Colocando una estrella en el Hollywood Walk of Fame

Beverly Hills, una propiedad que John Reid le había incitado a comprar para desgravar impuestos en los Estados Unidos, donde sus ingresos superaban los siete millones de dólares anuales. La casa era oscura, deprimente, casi tétrica, nada que ver con el estilo de Elton John, estrafalario, ostentoso y colorido. Sharon Lawrence, empleada de Rocket Records, le explicó al escritor Philip Norman para su libro *Elton*, la transformación de John en pocos meses, desde que dejó de verle en Londres a encontrarlo de nuevo tras el concierto del Dodge Stadium. «Elton John podía ser temperamental y algo neurótico, pero era amable, feliz y organizado. Ahora es un ser horrible, nervioso y asustado. Parece haberse convertido en un auténtico náufrago». Tan solo habían pasado cuatro meses, pero el desgaste sufrido durante años, más la erosión infligida por el abuso de drogas, mostraban una factura muy elevada y complicada de superar.» Pocas veces John discutía con su madre, pero en esta ocasión Sheila se vio en la necesidad de recriminarle a su hijo el estado lamentable en el que se encontraba por culpa de sus excesos, John no fue capaz de reconocerlo y la mantuvo separada de él, durante todo el fin de semana del Elton John Week. A primeros de noviembre, Elton John tomó 60 píldoras de Valium y se lanzó a la piscina de su casa de Beverly Hills, aseguran que delante de su madre y su abuela y gritando: «En dos horas habré muerto». Elton John estuvo hospitalizado varios días por ese incidente, posiblemente el punto más negro de su larga caída. Sheila, su madre, declaraba en la televisión británica

Elton John dentro de su armario de gira

en 1996: «Fue una época horrible ver infeliz a alguien que amas. No podía acercarme a él en toda la semana. Russell Harty nos filmaba y me grabó llorando; se pensó que lo hacía de alegría de verle triunfar delante de tanta gente, pero era de preocupación. Pensé que se iba a morir». El propio Elton John se ha referido a aquellos días en varias ocasiones. En 1991 concedió una extensa entrevista a Sky Televisión en la que afirmaba que: «Parecía un hombre de 60 años, terriblemente enfermo y triste. Tenía grandes bolsas bajo los ojos, y un peso excesivo. Emocionalmente estaba muerto, como un cadáver. Vi a Elvis Presley en Washington antes de que muriera. Le miré a los ojos y allí no había nada. Y al final no había nada tampoco en mí». Incluso recordó las sensaciones vividas los días de los conciertos del Dodge Stadium: «Incluso cuando estaba teniendo un gran éxito delante de miles de personas sobre el escenario, me encontraba muy lejos. Cara a cara en una habitación me habría quedado petrificado».

LA SOLEDAD DEL MÚSICO

1976 trajo un cambio de tratamiento hacia Elton John por parte de la prensa, especialmente la británica, que comenzó a no concederle la atención de antaño, acusándole de ser un producto comercial sin calidad. El éxito en Estados Unidos y la gran colección de extravagancias, apoyaron la teoría de que se trataba de un artista desfasado, marchitándose en la nostalgia de un público adulto y un fabricante de melodías edulcoradas de cara a la FM. En Inglaterra se produjo un relevo generacional en la prensa especializada, dando cobijo a nuevas plumas que buscaban más allá de las viejas leyendas, cuando es incomprensible denominar a una persona de 28 años como vejestorio. El periodista Nigel Fountain describió así el nuevo estatus que adquirió el artista, o que la prensa le adjudicó: «A Elton lo trataron como un vendedor ambulante de sentimentalismo barato. Era como las postales de Navidad con un gatito, mono e inofensivo».

En marzo entraron de nuevo en estudio para grabar el nuevo disco. En esta ocasión se trasladaron a Toronto para ubicarse en el Eastern Sound Studio, pero mientras desarrollaban los trabajos de composición y grabación, John Reid negociaba cómo terminar lo antes posible el contrato con DJM, llegando al acuerdo de editar el segundo álbum en directo de Elton John llamado *Here and There*, con el que se finiquitaría definitivamente la relación con Dick James, muy distante y fría desde hacía años.

El 29 de abril en Leeds, se inició la primera parte del Louder Than Concorde But Not Quite As Pretty, un total de 30 conciertos por Inglaterra y Escocia que terminaron el 4 de junio en Cardiff. El nombre del *tour* hace referencia a un artículo de prensa sobre Elton John en el que se hablaba de su rápida ascensión al estrellato y la realidad de que tampoco era tan bueno. El 30 de abril, con tan solo un día de gira, DJM editó el álbum

Madison Square Garden, Nueva York, 1976

en vivo *Here and There*, con dos caras diferentes; una grabada el 18 de mayo de 1974 en el The Royal Festival Hall de Londres y una segunda grabada el 28 de diciembre de ese mismo año en el Madison Square Garden de Nueva York.

El 1 de junio se edita la primera grabación de Elton John para su sello Rocket Records, el single «Don't Go Breaking My Heart», que se posicionó directamente en el #1 del Reino Unido. El tema era un dueto de John con Kiki Dee y no se incluyó en el álbum *Blue Moves*. El single alcanzó el #1 en Estados Unidos y fue nominado a un Grammy por mejor interpretación vocal.

La segunda manga del *tour* comenzó el 29 de junio en el Capital Centre de Landover y finalizó con siete noches consecutivas en el Madison Square Garden de Nueva York. Un total de 30 actuaciones por Estados Unidos que tuvieron momentos de esplendor, pero que magnificaron los excesos cometidos en años anteriores y mostraron a un Elton John agotado y exhausto en bastantes ocasiones. Sin embargo, seguía gozando de una acogida multitudinaria allá donde iba, al menos en Estados Unidos, como las seis noches que cerraron la gira americana en el Madison Square Garden de Nueva York, donde contó de nuevo con la colaboración de Kiki Dee, además de Alice Cooper y el famoso *drag queen* Divine. John había vuelto a hacer gala de sus vestimentas estrafalarias, creadas por Bob Mackie y Bill

Con Kiki Dee, el primer #1 de Rocket Records

Nudie. El 4 de julio en el Schaeffer de Foxborough, subió al escenario disfrazado de la Estatua de la Libertad, para conmemorar el Bicentenario de EE.UU., pero otros modelos no le fueron a la zaga, vestido de hombre piano, de gato, de Tío Sam con un plátano de plástico entre las piernas... todo valía en pro del espectáculo, mientras que el público enloquecía, en recintos de 20.000 personas mínimo.

Tras esos conciertos concedió una entrevista a Chris Charlesworth, editor americano del *Melody Maker*, en la que declaraba que estaba agotado y que se retiraba de los escenarios: «Lo he hecho durante seis años y estoy harto, harto de tocar, de deambular sin hogar. No quiero sentir la presión de tener que hacer una gira en al menos dos años». Elton John tenía 29 años y en los últimos seis había realizado más de 500 conciertos, grabado 11 discos de estudio, dos en directo, trabajado de productor y creado su propio sello discográfico. Si a eso le sumamos la frustración, la inseguridad, alcohol y cocaína, obtenemos una bomba de relojería que tarde o temprano explotará.

Bernie Taupin tenía la misma opinión porque cada día soportaba menos las excentricidades de John, su forma peculiar de desenvolverse con sus temas le restaba protagonismo a los textos, dudando si el público atendía a lo que tanto esfuerzo le había costado crear o se diluía en la singularidad de Elton. Ese mismo año Jonathan Cape Ltd. editó el libro *Taupin The One Who Writes The Words For Elton John*, una colección de las letras que había escrito para Elton John, con ilustraciones de Alan Aldridge y Mike Dempsey entre otros. El libro no funcionó muy bien y obtuvo pésimas críticas, que profundizó la ruptura personal que padecía Taupin desde ya demasiado tiempo. También se rumoreó que tenía una nueva pareja, la cantante británica Lynsey de Paul, pero en realidad su única compañera seguía siendo la botella. John Reid en aquella época también representaba los intereses de Queen, además de tener acciones de Rocket Records, Watford FC y trabajar para DJM, pero cada día daba muestras de su carácter complicado, fortalecido por su adicción. Años más tarde fue acusado de robar a miembros de DJM entre los que se encontraba Dick James y terminó su relación laboral con Elton John con una demanda.

PUBLICANDO PARA ROCKET RECORDS

En 1976, pese a sus ataques de ira y complicado carácter, John Reid consiguió finiquitar el contrato con DJM y el 22 de octubre Rocket Records editó el primer trabajo de Elton John para su propio sello, *Blue Moves*. Un álbum doble que recibió duras críticas debido a las letras tan duras y oscuras de Taupin y a la supuesta poca calidad de los temas. El tirón comercial de Elton John consiguió que el disco alcanzara el #3 en el Reino Unido y EE.UU., pero el ambiente que rodeaba al equipo de trabajo no superó más tiempo de una pieza y comenzó a resquebrajarse. Bernie Taupin había tocado fondo durante la grabación, sus textos eran hirientes y algunos de ellos estaban abiertamente dedicados a su antigua esposa Maxine, que ahora era la pareja del bajista del grupo, Kenny Passarelli, una situación que, soportada de forma civilizada, lo minó hasta un punto que rozaba la locura. Elton John no se encontró cómodo cantando los textos de Taupin y en algunas ocasiones los cambió y en otras le devolvió las letras negándose a trabajar con ellas, siendo esta la primera vez en su relación que ocurría.

Otra persona que tocaría fondo sería Caleb Quaye que sucumbió a su adicción a la cocaína y el alcohol. Elton prescindió de él porque era incapaz de seguir adelante en unas mínimas condiciones. Quaye se marchó a la banda Hall & Oates junto con otros dos miembros de la Elton John Band: Kenny Passarelli y Roger Pope, con quien grabó dos discos. En 1982, en otra de sus fuertes crisis por las drogas, abrazó la religión y se desenganchó convirtiéndose en músico evangelista de la Iglesia Cuadrangular, donde actualmente es pastor y profesor de música en Pasadena, California.

Otra pérdida importantísima para Elton John fue el productor Gus Dudgeon, responsable de su sonido desde el segundo disco en estudio. Gus era director de Rocket Records y mantuvo una fuerte discusión con John sobre la forma de trabajar, debido a que era imposible que se sentaran él, Elton y Reid para planificar el futuro. La marcha de Gus dejó muy debilitado a Elton John, pues era una parte importantísima de su sonido y del concepto musical. Quizás por ese motivo, por saber que sin Gus debía reinventarse, John tomó una de las decisiones más difíciles hasta la fecha, prescindir de su compañero y amigo Bernie Taupin, alentándole a escribir para otros rockeros que podrían valorar el estilo tan crudo y oscuro que estaba desarrollando en la actualidad. Finalmente Taupin trabajó con Alice Cooper en el álbum *From The Inside*, publicado en 1978.

Paralelamente, la carrera de Elton John se tambalearía de forma insistente, cuando el 7 de octubre, la revista *Rolling Stone* publicó una entrevista bajo el titulo *Elton's Frank Talk. The Lonely Love Life of a Superstar*. En ella el periodista Cliff Jahr habló sobre su último concierto y lo cierto de su anuncio de retirada, a lo que John contestó: «Sí, podría ser el último concierto para siempre. Definitivamente no me estoy retirando, pero quiero poner mis energías en otro lugar por un tiempo. Sabes, me siento realmente extraño en este momento en particular. Siempre hago las cosas por instinto y solo sé que es hora de refrescarse. Quiero decir, ¿quién quiere ser un artista de 45 años en Las Vegas como Elvis?». Tras una fase de peguntas más íntimas que Elton contestó muy animado, Jahr le interrogó si era bisexual, a lo que sorprendentemente contestó: «No hay nada de malo en ir a la cama con alguien de tu propio sexo. Creo que todo el mundo es bisexual hasta cierto punto. No creo que sea solo yo. No es una mala cosa serlo. Creo que tú eres bisexual. Creo que todo el mundo lo es». Elton nunca había dejado entrever su inclinación sexual y aunque no se trataba de una declaración de homosexualidad en toda regla, contrastaba con su silencio hasta la fecha. Incluso el periodista se sorprendió y le advirtió que esas declaraciones podrían tener consecuencias, a lo que Elton replicó: «Probablemente no. [Risas] Va a ser terrible con mi club de fútbol. Es tan hetero, es increíble. ¡Pero a quién le importa! No debería haber demasiada re-

En el *backstage* del Reading Festival

acción, pero probablemente sepas esas cosas mejor que yo. Creo que mi vida personal debería ser privada». Jahr no se equivocó, las consecuencias fueron muchas e importantes, por no calificarlas de otra manera. Su club de fútbol lo encajó como supo y pudo, ya que gracias a él no habían desaparecido y con su gestión estaban obteniendo resultados deportivos brillantes, pero en un mundo tan machista y homófobo como el del fútbol, a nadie extrañó que los equipos rivales cantaran canciones como «No te agaches, cuando Elton esté cerca o te meterá un pene por el culo. Glory, Glory Hallelujah! Elton John es marica!».

Se recibieron muchas cartas quejándose de las declaraciones de Elton John, en la revista *Rolling Stone*, en las oficinas del Watford F.C, en Rocket Records, en MCA, BBC y estaciones de radio americanas. En 1977 las ventas de discos de Elton John cayeron un 75%, si bien hay que apuntar a la explosión punk como un factor añadido. La prensa comenzó un acoso sobre su figura que no fue un caso aislado, teniendo en Freddie Mercury otro ejemplo de prensa homofóbica y en menor medida en David Bowie. Las inseguridades de Elton John reaparecieron, ampliadas por la incipiente calvicie galopante que padecía y el incremento de peso provocado por la ingesta de alcohol. Su transplante de cabello de 1977 ocupó páginas completas de la prensa musical y del corazón, lo que evidenciaba más la ruptura con la prensa y el descrédito generado. A nivel musical Elton John entró en los Kaye-Smith Studios de Seattle bajo la producción de Tom Bell, legendario productor de rhythm & blues que había trabajado con artistas como The Stylistics, The Delfonics y The Spinners. John pretendía trabajar con varios compositores y entre los escogidos conoció a Gary Osborne, con quien compuso el tema «Shine On Through». Las grabaciones no se pondrían a la venta hasta 1979, la primera edición bajo el nombre de *The Thom Bell Sessions;* y en 1989, la totalidad de las grabaciones como *The Complete Thom Bell Sessions.* Lo más importante fue que Bell aconsejó a John que bajara el registro de su voz, algo que utilizaría en un futuro no muy lejano.

La agenda de conciertos se quedó prácticamente vacía en 1977, salvo una serie de seis conciertos benéficos, comprometidos con anterioridad y que se celebraron en el Rainbow Theater de Londres con un formato muy especial, Elton John al piano y voz, más Ray Cooper en la percusión. La otra cita obligada por compromisos benéficos fue el 3 de noviembre en el Wembley Empire Pool de Londres, en beneficio de Royal Variety Club, organización sin ánimo de lucro comprometida en crear instalaciones deportivas para niños de familias desfavorecidas. Al no tener banda fija, John contrató al grupo China, la nueva formación del guitarrista Davey Johnstone. Cuando llevaban una serie de canciones en el escenario, John cambió los acordes para decirle al público: «Es muy difícil decir esto. He dejado de estar de gira durante algún tiempo y ha sido una decisión muy difícil y dolorosa volver o no a la carretera. He disfrutado esta noche, muchas gracias, pero tomé la decisión de que este será mi último concierto y es el último que voy a hacer». Ray Cooper, desde su set de percusión, recuerda ver corriendo a John Reid hacía el escenario gritando: «¡Agarradlo! ¡Sujetadlo! Está totalmente fuera de sí», pero Elton John acababa de despedirse del público y de los músicos, con más de medio concierto por delante, con invitados como Kiki Dee y Stevie Wonder, que subieron, tocaron y tan solo acompañaron a la banda en una de las actuaciones más tristes que recuerdan, como declaraba Clive Franks: «Estaban en *shock*, yo estaba en *shock*, pero la banda tuvo que seguir tocando el resto del repertorio». Fueron despedidos en su primer concierto y sobre un escenario.

Imagen sobria de 1977

BACK IN THE URSS

Tras la desmembración sufrida en 1977 en su grupo de trabajo, quedándose prácticamente solo, John decide entrar de nuevo en el estudio, pero incomprensiblemente escoge The Mill, estudio propiedad de Gus Dudgeon situado en Cookham, Berkshire. Se trataba de un estudio completamente nuevo, creado por Gus bajo sus perspectivas más ambiciosas, con todo lujo de detalles de cara a la comodidad de los músicos y con la tecnología punta en ese momento. Aunque pudiera pensarse que era un intento de acercamiento a Gus, su productor de toda la vida, no fue así y cedió el protagonismo a Clive Franks, excelente técnico de sonido, sobre todo de directos pero un poco verde en tareas de producción, quien no puso ningún impedimento a que el propio John coprodujera el trabajo.

En enero de 1978 entran en The Mill para grabar el último tema escrito por Taupin antes de abandonar el entorno de trabajo, «Ego». Elton John consideraba que el tema era una de las mejores letras de Taupin, pero cuando se editó el single en marzo, se transformó en un dramático fracaso que solo pudo copar el puesto #34 en las listas británicas y americanas, donde nunca había caído tan bajo. Para colmo de males, el tema se difundió con un videoclip promocional que se impuso como el más caro grabado hasta ese momento, con una transferencia de 24 fps, cuando la estándar europea era PAL 25 fps, lo que obligó a recortar el tema en diez segundos.

En septiembre de ese año volvieron al estudio para grabar el álbum completo, cediendo el monopolio de las letras del mismo a Gary Osborne, quien había sido el letrista de *The War of the Worlds* de Jeff Wayne, álbum que vendió más de 15 millones de copias. Se cambió el sistema de trabajo a la hora de componer. Elton John sacaría la mayoría de las músicas y sobre esa premisa Gary Osborne diseñaría las letras. Al ser John quien aportara la primera piedra del edificio, el conjunto inevitablemente fue un reflejo de su estado físico y mental, desde el título, *A Single Man*, hasta la última canción, «Song for Guy», una pieza semi instrumental que escribió en homenaje a Guy Burchett, un mozo de almacén y mensajero de Rocket Records que murió en un accidente de motocicleta a los 17 años. Elton John sintió la muerte de quien era un empleado suyo, entre otras cosas porque le recordaba a sus comienzos, donde también fue chico de los recados. Cualquier excusa era buena para abordar la botella y deslizarse por la cocaína, y en esta ocasión no iba a ser diferente. Elton John se pasó casi toda la grabación bebiendo sin emborracharse, porque el alcohol era el único vehículo viable para bajar del meteoro de la coca, así que todo el periodo de estudio fue una terrible montaña rusa emocional. B.J. Cole, nuevo miembro de la banda, lo vio claro: «Había demasiadas drogas en ese momento alrededor de John. De hecho casi no lo reconocía», para Cole el entorno era el peligro más evidente, con personas como Steve Marriott, que en 1978 estaba sufriendo un proceso de decadencia terrible, arruinado, sin que Small Faces funcionara y con una deuda de más de 100.000 libras al fisco británico, era un yonqui que fue rechazado por The Rolling Stones para sustituir a Mick Taylor. Con el fin de huir de la cárcel, Marriott se mudaría a California al cabo de los meses.

«Hay quien sabe llevar su adicción en secreto y seguir trabajando, pero la droga siempre afecta a tu juicio y la actitud», afirmaba Cole al mismo tiempo que lo defendía: «Elton podía estar muy jodido, pero siempre era un gran compañero».

A Single Man se editó el 16 de octubre de 1978 y aunque en Inglaterra consiguió un digno #8, en Estados Unidos no logró pasar de un decepcionante #15. La crítica se volcó en la ausencia de Bernie Taupin, quien para alejarse del fisco inglés se había mudado definitivamente a Los Ángeles, y por consecuencia atacaron a Osborne. La revista Rolling Stones se preguntaba en la cabecera de un artículo: «Elton John, ¿hay futuro? Apatía en el Reino Unido», para rematarlo en el interior con un texto de Stephen Holden donde imputaba al disco el delito de ser «un ejercicio desastroso de presumida vanidad sin Taupin». La perversión de la prensa tan en boga en nuestros días, resolvió una sencilla ecuación. Taupin marchó, entró Osborne siendo un letrista mediocre; la solución es que Gary es homosexual y el nuevo amante de Elton John. Tan extendida era la opinión que el propio Osborne tuvo que defenderse: «El hecho de que tuviera mujer y estuviera a punto de tener un hijo no importaba. Fue bastante hiriente. Yo quiero ser uno de los mejores letristas de la actualidad». Todo el ataque gratuito al que se sometió a Gary Osborne cesó con las nominaciones a los Capital Awards concedidos por la emisora independiente Capital, que comenzó su andadura radiofónica en 1973 y en la actualidad es un compendio de 13 emisoras en red, una de las ofertas musicales más poderosas del Reino Unido, responsable de los Global Awards. Ese año hubo cinco discos nominados y dos de ellos compuestos por Gary Osborne, A Simple Man y The War of the Worlds de Jeff Wayne.

En 1978 John tan solo ofreció seis actuaciones, siguiendo con su política de no realizar giras. Sin embargo poco después de editarse el álbum tuvo que ser ingresado de urgencias en la unidad coronaria del Harley Street Hospital de Londres, al parecer afectado de un paro cardiaco. Finalmente se le diagnosticó un fuerte grado de estrés y un agotamiento físico de extrema gravedad. Tras un descanso médico obligatorio, John decidió salir de gira, pero con un formato diferente, él al piano y Ray Cooper a la percusión, huyendo de los grandes estadios y buscando aforos más reducidos donde la grandilocuencia brillara por su ausencia. En una reunión con John Reid, este les indicó el objetivo: «Vayamos a lugares donde no hayamos estado antes y donde tu música es popular; Israel, Francia, España o Irlanda», a lo que Elton preguntó: «¿Qué pasa con Rusia?». El 5 de febrero en Estocolmo comenzaron una gira europea de 54 conciertos, que terminó el 26 de abril en el Manchester Apollo. El *tour* pasó por Suecia, Dinamarca, Alemania, Holanda, Francia, Bélgica, Suiza, Escocia, Irlanda del Norte, España e Inglaterra. La primera visita a nuestro país fueron los días 10 y 11 de marzo en el Pavelló Olímpic de Badalona, Barcelona y, el 12 y 13 en el Pabellón de la Ciudad Deportiva del Real Madrid. En el periódico *El País*, José Manuel Costa realizaba un artículo previo a su visita a España definiendo de esta manera a Elton John: «Es, además de gran músico, un tipo curioso. Hijo único, gerente del Watford Football Club, homosexual (aunque no al 100%), gran triunfador en Estados Unidos, no le gusta y sin ser en absoluto punkie, le gusta lo punkie». Los conciertos fueron presentados como Elton John & Ray Cooper, organizados por la promotora Gay & Company y el aforo se redujo a las exigencias del músico.

A primeros de mayo ofreció cinco *shows* en Israel, tres en el Philharmonic Hall de Zion, más dos actuaciones en el Mann Auditorium de Tel Aviv. Al igual que los conciertos de Europa, el *show* presentaba una primera parte con Elton John solo en el piano, para que Ray Cooper se reincorporara en la segunda parte. Una gira que resultó ser un triunfo absoluto, en unos conciertos que ofrecieron la posibilidad de ver y disfrutar del auténtico Elton John. El 21 de mayo Elton John iniciaba una histórica gira por la antigua Unión Soviética, siendo uno de los primeros artistas de pop occidentales en actuar en plena Guerra Fría. Sería bueno recordar que estamos en 1979 en un momento en que las relaciones entre Estados Unidos y la Unión

Durante su primera gira por la Unión Soviética

Soviética eran placenteras con la firma del tratado de Salt, que eliminaba buena parte de los misiles antibalísticos. Sin embargo se enzarzaban en otra guerra en casa ajena, en Afganistán. El ejército soviético apoyaba a las fuerzas de la República Democrática de Afganistán, mientras que los americanos suministraban armas y logística a los rebeldes muyahidines islamistas afganos. Jimmy Carter, presidente americano en esos días, veía como un mediocre actor de Hollywood llamado Ronald Reagan le ganaba terreno hasta que al final le ganó las elecciones de 1980, con una política bien remarcada sobre la Guerra Fría: «Mi idea de lo que debe ser la política estadounidense en lo que respecta a la Unión Soviética es simple, nosotros ganamos y ellos pierden», esgrimía como protagonista de un vulgar *spaguetti western*. Por su parte Leonid Brézhnev, máximo dirigente de la URSS, había iniciado una operación de lavado de cara y apertura disimulada a Occidente con el objetivo puesto en la celebración de los Juegos Olímpicos de Moscú que se organizarían un año más tarde. Por esta razón, ya habían actuado en la URSS Boney M y Cliff Richards, pero nadie de la envergadura comercial de Elton John. John Reid contactó con el diplomático soviético Vladimir Kokonin, alto funcionario del Ministerio de Cultura y consiguió que asistiera a alguno de los espectáculos de Elton John y Ray Cooper, quedando gratamente sorprendido de la sobriedad de

los mismos y de la ausencia de extravagancias pseudo gays del *show*. De esta forma se realizaron todos los trámites pertinentes para los permisos y licencias de la comitiva de la gira, con una imposición expresa de no poder interpretar «Back In The URSS» de The Beatles. El 21 de mayo, en el BKZ Oktyabrsky de San Petersburgo, se inició una gira de ocho conciertos que finalizaron el 28 del mismo mes en el Rossiya Concert Hall de Moscú. La comitiva de estas actuaciones históricas estaba formada por Elton John y sus padres, Harvey Goldsmith, Geoffrey Ellis y John Reid como representantes legales, Ray Cooper y Clive Franks con sus respectivas parejas y los cineastas Dick Clement e Ian La Frenais, más los periodistas Robert Hilburn de *Los Angeles Times* y David Wigg del *Daily Express*. Además de los conciertos, fueron agasajados con todas las comodidades de un *tour* turístico institucional, pues a la administración la presencia de Elton John era la mejor política de apertura hacia los Juegos Olímpicos. Las audiencias estaban formadas por funcionarios y sus familias, público cercano al partido y militares, nadie sin los correspondientes controles minuciosos de personalidad e ideas. Un público frío y distante que no gritaba y solo aplaudía respetuosamente al final de cada tema, como si un regidor levantara el cartel de ¡Aplausos! Como broche de oro de esa campaña publicitaria de la URSS, el último concierto fue retransmitido en directo por la BBC Radio One. Los Juegos Olímpicos de Moscú 1980 sufrieron el boicot de Estados Unidos y numerosos países. Como respuesta, la Unión Soviética boicoteó los Juegos Olímpicos de Los Ángeles en 1984.

ENTRANDO EN LOS OCHENTA CON MAL PIE

En el año 1979 Rocket Records publicó el disco *The Thom Bell Sessions*, como una forma de rentabilizar las grabaciones en un año que la actividad de Elton John se había salido de lo habitual. Al cabo de diez años lo reeditaría con la totalidad de las grabaciones obtenidas junto a Thom Bell.

Terminada la gira por la Unión Soviética, Elton John comete uno de los errores más importantes de su historia, la grabación del álbum *Victim Of Love*. John trabajó con el productor Pete Bellotte, colaborador de Giorgio Moroder y un personaje que se encontraba en las antípodas de lo que Elton John representaba. De esa colaboración y la vorágine de Múnich al final de la década, ciudad que también hipnotizó a Freddie Mercury de Queen, salió un engendro infumable donde el sonido discoteca se entremezcla con una amplia y aplastante falta de ideas. Siete temas coescritos junto a Bellote más una de las más horribles versiones del clásico de Chuck Berry «Johnny B. Goode», un surco que debería ser desterrado de cualquier vinilo por dignidad o por vergüenza ajena. El álbum se lanzó el 13 de octubre de 1979, cuando Elton John estaba embarcado en una nueva gira americana, y las críticas fueron, comprensiblemente, las más duras de toda su carrera. La revista *Rolling Stone* aseguró que el disco era lo peor que había producido y que «no tenía ni un soplo de vida», mientras que *Melody Maker* aseguraba que no se le podía calificar de «aburrido, es abominable». El desastre comercial era evidente e inevitablemente la gira americana se resintió no vendiendo la totalidad de las entradas. La organización tenía previstas ocho noches gloriosas en The Palladium de Nueva York entre el 18 y 26 de octubre, actuaciones que no consiguieron llenar y, como reflejó *Melody Maker*, en algunas de ellas la entrada fue bastante pobre, como indicativo de que Elton John había tocado fondo.

Antes de publicarse el engendro de *Victim Of Love*, Elton John ya estaba de nuevo en el estudio para grabar su nuevo álbum. Se concentraron en Superbear Studios de Niza, durante el mes de agosto de 1979. En esta ocasión las colaboraciones de composición son más abiertas, Gary Osborne seguía teniendo mayor protagonismo, pero se reincorporó de nuevo Bernie Taupin, más dos nuevas colaboraciones de Tom Robinson y Judie Tzuke. Como consecuencia el trabajo

no tuvo un hilo conductor y era bastante ambiguo en su temática. Otro dato importante es la reincorporación de Nigel Olsson a la batería y Dee Murray al bajo, eventualmente para un solo tema, pero finalmente como parte de la banda de gira. Sin embargo en el descontrol que sufría John en esos años, pierde de nuevo a otro miembro vital y estrecho colaborador de los últimos años, Ray Cooper.

El 13 de mayo se publica *21 At 33* y la recepción volvió a centrarse entre la indiferencia y la nostalgia de tiempos mejores. En septiembre comenzó un *tour* mundial en el Rosemont Horizon, de Illinois, con un total de 50 conciertos por Estados Unidos y Canadá, durante los que se ignoraron las canciones de *Victim Of Love*. Su vida personal seguía tan descontrolada como los últimos años, a los excesos marcados por el alcohol y las drogas, sobre todo la cocaína, hay que añadirle un apresurado apetito sexual que le marcó el recorrido de numerosos amantes, en algunos casos muy perniciosos para su salud mental, como Charles Chloe, que terminó por abandonarle por una mujer y a quien le dedicó el tema «Blue Eyes» de su siguiente álbum, o Gary Clarke, joven homosexual cazador de fortunas y gigoló, que vendió la exclusiva de su breve romance con John en formato biografía. Con su entorno se volvió más duro y arisco, siempre irascible, y cuando no lo estaba se evadía y parecía ausente. La ingesta de alcohol dejó evidencia en su cuerpo que ganó rápidamente volumen, hasta el punto de que algunos trajes de la gira no le dejaban libertad de movimiento. En una entrevista en el año 2002 a *Rolling Stone*, John reconocía que sus amigos estaban muy preocupados por él, incluso George Harrison tuvo una bronca con él esgrimiendo un hecho que no por duro, era menos cierto: «Anda con cuidado con la cocaína porque terminará por matarte». Pero lejos de hacer caso, John se sumergió en el universo de la discoteca Studio 54, local abierto en 1977 y que se transformó en el antro de perversión de la generación de la cultura del esnobismo exhibicionista y donde las normas y reglas no existían, menos si se hablaba de drogas y sexo, donde cualquier atisbo de autorregulación era visto como un débil síntoma de ignorancia provinciana y segregado lejos del orden establecido por gurús del petardeo neoyorquino. Studio 54 vivió sus momentos de esplendor ficticio y sibarita hasta que las drogas y el VIH comenzaron a causar estragos entre sus indígenas pintorescos, que pasaron de la euforia del libertinaje VIP al más cutre de los terrores medievales, donde incluso las miradas infectaban más que los Cuatro Jinetes del Apocalipsis fornicando a diestro y siniestro.

Con estas premisas personales habían entrado a grabar algunos temas para el nuevo álbum *The Fox*, antes de iniciar la gira americana. La mayoría de los temas de ese disco pertenecen a las sesiones de *21 At 33*. La producción de los nuevos temas suma el apoyo de Chris Thomas, contratado mientras Franks estaba de luna de miel y que sin ser despedido quedó al margen del proyecto, una vez más, sin saber el porqué de la situación. Pero en esa época John estaba demasiado drogado para tener una planificación de trabajo preparada y casi todas las decisiones las tomaba John Reid. Al parecer, John estuvo más de dos semanas encerrado en su habitación del hotel sin querer salir, en plena grabación del disco, con un alquiler diario de más de 1.000 libras.

INTENTANDO DESPEGAR CON GEFFEN RECORDS

Ese estado mental y físico de John se dejó ver en el resto de la gira de 1980, 16 conciertos por Nueva Zelanda y Australia, donde se le pudo ver agotado, casi sin carisma y con problemas de voz en algunas actuaciones. Todo ello aderezado con continuas depresiones, problemas alimentarios y de calvicie que le afectaban notablemente. Para terminar de complicar su equilibrio mental, el 8 de diciembre de 1980 asesinaron a John Lennon, músico admirado por Elton John, con quien había conseguido establecer una gran amistad y una de las pocas personas del tinglado musical que merecían su máximo respeto. Lennon había conseguido que en un momento de baja calidad y de caída de las ventas de sus discos, el nuevo sello Geffen Records le ofreciera la oportunidad de romper con MCA y militar en la joven compañía de David Geffen, llegando a gestar planes de trabajo conjunto entre ambos en un futuro que ya no se produciría. El 9 de diciembre Bernie Taupin escribía «Empty Garden (Hey Hey Johnny)», una maravillosa despedida al músico asesinado.

En mayo de 1981 se editó *The Fox* y Elton John se negó en redondo a realizar cualquier tipo de promoción, incluso se negó a salir en el «Top Of The Pops», por lo que las ventas de *The Fox* se vieron notablemente frenadas. Al mismo tiempo decidió que no saldría de gira y durante todo 1981 tan solo ofreció dos conciertos; el 30 de mayo en el Pavillon Baltard de Nogent-sur-Marne, Francia, y el 20 de junio en el Palacio de Buckingham en Londres, donde actuó para la familia real británica.

Elton John y su madre Sheila

En septiembre marchan a la Isla de Montserrat para grabar el nuevo álbum, intentando escapar de los fantasmas que pululan por las grabaciones, aislándose de todo en los Air Studios. El disco llamado *Jump Up!* y producido al completo por Chris Thomas no consiguió frenar la caída en picado de John y el único tema que destacó fue el homenaje a John Lennon «Empty Garden (Hey Hey Johnny)». Elton John programó

Elton John tocando junto a Davey Johnstone.

una gira de 130 conciertos a nivel mundial para apoyar *Jump Up!*, la primera en dos años y contando de nuevo con el guitarrista Davey Johnstone en la banda de directo. Sus espectáculos se volvieron más sobrios y desestimó la parafernalia habitual de disfraces. El *tour* se cerró con una residencia de 16 noches en el Hammersmith Odeon de Londres, donde volvió a triunfar como en su mejor época musical. Sin embargo era todo un espejismo porque interiormente el músico estaba a punto de derrumbarse, como demostró el 15 de diciembre en el inicio de escala en el Hammersmith Odeon. Poco antes de subir al escenario se le comunicó que Olsson estaba enfermo con gripe y que la fiebre le impediría tocar esa noche; Elton John montó en cólera, subió a tocar en un estado de irritación más que notable que provocó que en uno de los temas le propinara una patada al taburete del piano y este fuera a parar sobre Seana Connolly, joven fan de 24 años que sufrió una brecha en la mejilla y salió con el hombro dislocado. Su madre Sheila y su padrastro Derf, agobiados por el acoso de la prensa sensacionalista británica, hambrientos de conseguir cualquier chismorreo con el que bombardear la historia de Elton John, decidieron cambiar de residencia y afincarse en las Islas Baleares. Una vez más, Elton John conseguía terminar completamente solo.

DE SUDÁFRICA AL LIVE AID

En enero de 1983 Elton John entró en los Sunset Sound Recorders de Hollywood para finalizar la grabación de su nuevo disco, concluyendo las sesiones que realizaron en septiembre en AIR Studios de la Isla de Montserrat. Elton John recuperó a sus mejores colaboradores para este disco, Dee Murray al bajo, Nigel Olsson a la batería, Ray Cooper a las percusiones, Kiki Dee a los coros y, sobre todo, Davey Johnstone a las guitarras. Sin embargo no fue una decisión completamente personal de Elton John y se debió a las primeras fricciones con su nuevo sello en América Geffen Records, que quería rentabilizar su nueva estrella y aunque las ventas no eran paupérrimas, distaban mucho de la época gloriosa y lo querían remediar. Por esa posibilidad Geffen presionó por reunir al grupo que más éxitos otorgó a su carrera, sin pensar que las relaciones con algunos de ellos eran muy tensas, por decirlo de una forma amable. Elton John llevaba tiempo sin querer saber nada de Johnstone y viceversa, pero los dos aceptaron una situación que fue bastante tensa. A medio camino de la imposición discográfica y el deseo de volver a colaborar entre ellos, se reconstruyó la relación profesional entre John y Taupin, cerrando el círculo de la mejor combinación de trabajo de su carrera musical. Taupin por su parte era una persona muy diferente, felizmente casado con Toni Lynn Russo, sus textos habían abandonado el tono sombrío y derrotista, casi misógino de antaño y ganaban en colorido, las relaciones humanas sencillas retornaron a sus poemas. La llegada de Taupin supone la salida de Gary Osborne, que la contaba de esta manera al cabo de unos años: «Convencí a Elton de que debía recuperar a Davey y cuando lo logré Geffen presionó para que fuera el retorno de la vieja guardia con Bernie y me quedé fuera».

Too Low For Zero se editó el 30 de mayo de 1983 y aunque supuso una remontada de ventas respecto a los dos anteriores discos, seguía alejado de las cifras que Geffen pretendía conseguir. El 30 de julio de ese año, Elton John actuó en Sun City, Sudáfrica, acompañando a su amigo Rod Stewart. Se quedó maravillado del complejo turístico denominado Las Vegas sudafricanas, recibiendo una suculenta y millonaria oferta por parte de Sol Kerzner, magnate propietario del complejo hotelero para organizar una serie de conciertos para el mes de octubre. Sun City estaba situado en el centro de Sudáfrica, en territorio de Bofutatsuana. El gobierno sudafricano

reconoció la independencia ficti-
cia de Bofutatsuana, con el propósito de saltarse todas las normas restrictivas que presionaban
al resto de la población. De este
modo un país retrógrado y con
serias prohibiciones en cuestio-
nes de juego, sexo y ocio, poseía
un oasis en su centro donde se
podría ofrecer legalmente todo lo
prohibido alrededor. El 7 de octubre Elton John ofreció el primero
de 9 conciertos con todas las entradas agotadas en el Casino de
Sun City, en un momento en el
que existía una fuerte resistencia
contra el régimen que mantenía el *apartheid* en Sudáfrica. El
Movimiento Democrático Unido

(UDM), una coalición no racial y activista proderechos humanos,
estudiantes, clérigos, trabajadores y diferentes grupos sociales, en
colaboración con el Congreso Nacional Africano intentaban derri-
bar al sistema racista, mientras que Sol Kerzner contrataba primeras
figuras para Sun City saltándose el boicot impuesto y de forma legal. Actuaron en Sun City en esos años; Frank Sinatra, Rod Stewart,
Status Quo, Paul Anka, Queen y Elton John entre otros. Un grupo de
artistas mayoritariamente americanos, denominado Artists United
Against Apartheid que grabaron el exitoso single Sun City en 1985,
consiguieron que la ONU realizara una lista negra para perseguir a
los grupos y artistas que actuaron en Sun City, siendo el más per-
judicado Queen, perseguido por la prensa tras su actuación en el
complejo. Elton John sufrió duras críticas pero incompresiblemente
no hubo represalias importantes.

El resto del año Elton John no tuvo actividad sobre los escenarios, sus apariciones se limitaron a algunos programas de televisión
como el «Top Of The Pops», «Saturday Superstore» y el programa de
navidad de ITV Studios en Inglaterra y «Tommy's Pop Show» de la televisión alemana. Entre diciembre de 1983 y abril de 1984 se grabó

el décimo octavo disco de estudio, *Breaking Hearts*, en los AIR Studios de Isla Montserrat, un trabajo donde se prescinde de arreglos de cuerda y viento y se recurre a la formación clásica.

LA BODA SORPRESA

Durante la grabación del álbum, Elton John establece una íntima amistad con la ingeniera de sonido alemana Renate Blauel, quien ya había trabajado en el álbum *Too Low For Zero*. Ante el asombro del resto del equipo de trabajo, el cantante anunció que se casaría con Renate el 14 de febrero de ese 1984, cuando la comitiva ya se encontraba en Australia para iniciar un nuevo *tour*. Cinco días después de la boda, el 19 de febrero de 1984 la banda inicia una gira de 25 actuaciones por Nueva Zelanda, Australia y Japón, que termina el 31 de marzo, empalmando con un nuevo *tour* llamado European Express que se inicia el 17 de abril en Bosnia Herzegovina, viajando por Serbia, Croacia, Hungría, Polonia, Suecia, Noruega, Dinamarca, Holanda, Bélgica, Alemania, Austria, Francia, Suiza, España, Irlanda del Norte, Irlanda, Escocia e Inglaterra, finalizando en el Wembley Stadium de Londres el 30 de junio. La segunda visita a España comprendió los conciertos del 8 de junio en el Palacio de Deportes del Real Madrid y al día siguiente en el Palacio de Deportes de Barcelona. El nuevo disco, *Breaking Hearts*, se publica el 18 de junio de 1984 y, al igual que el anterior trabajo, el público inglés lo recibe complaciente y lo posiciona en un extraordinario #2, pero parece que la comunión Elton John y Estados Unidos se ha disipado y solo alcanza un todavía modesto #20.

La boda de Elton John se puede enmarcar dentro de un intento de escapar de la ola de conservadurismo puritano que invadía los dos mercados más importantes de la industria musical. El Reino Unido sufría un retroceso moral con Margaret Thatcher como primera ministra, quien se ganó el calificativo de Dama de Hierro, mientras que al otro lado del Atlántico era Ronald Reagan quien imponía criterios conservadores a ultranza. En cualquiera de los dos mercados la homosexualidad, sin estar perseguida, era mal vista y sobre todo se había pasado de la ambigüedad sexual de los setenta a una aureola de heterosexualidad que era casi obligatoria, más remarcada por el creciente peligro del sida. Elton John, como otros rockeros, limpió su imagen, en su caso con un matrimonio que estaba condenado al

Elton y Renate, la boda más extraña del rock

fracaso y que solo se sustentó con pinzas durante cuatro años. Como contrapartida, esta relación antinatural de John le aportó una nueva carrera de escape hacía la cocaína y al fondo de la botella. Su intención podría ser la recuperación de cierto estatus perdido en la América profunda del sur, pero no lo consiguió, tal y como reconoció años más tarde: «terminé casado por no saber afrontar el problema más importante, que era un drogadicto. Me casé con una mujer a la que amaba y pensé que me cambiaría, pero cuando me casé todavía tenía la nariz llena de cocaína y me bebía al menos una botella al día».

Con esta tesitura personal, la banda se enfrenta a un nuevo *tour* mundial para presentar el reciente *Breaking Hearts*. Un total de 61 conciertos por Estados Unidos y Canadá, que erosionó tanto las relaciones entre los componentes de la Elton John Band, que al final de la gira estalló en mil pedazos y Olsson y Murray fueron de nuevo despedidos, el segundo no volvería a trabajar más con Elton John al fallecer en 1992 de cáncer de piel.

En enero de 1985 entran en los Sol Studios, propiedad de Gus Dudgeon, donde se embarcan en la grabación de su nuevo disco, *Ice On Fire*. Tan solo se mantiene Johnstone como miembro fijo, y se recurre a una larga lista de músicos (referencia en la sección de discografía oficial), bajo la producción de Dudgeon, quien posiblemente se extralimitó en su labor y recargo en exceso el disco, en un regreso esperado pero con resultados no deseados. Nada más terminar la grabación de *Ice On Fire*, Elton John participó en el macro festival Live Aid en el Wembley Stadium de Londres, el 13 de julio. Evento histórico ideado por Bob Geldof, en un intento de paliar la hambruna en África que obtuvo el beneplácito de numerosas bandas y artistas, congregados en el Wembley Stadium de Londres y el John F. Kennedy Stadium de Filadelfia. Un festival que se retransmitía a más del 75% de los televisores de todo el planeta, con una audiencia aproximada de más de 1.500 millones de telespectadores según *The New York Times*, generando una recaudación superior a 100 millones de dólares. Entre la larga lista de nombres que participaron, cabría destacar en Filadelfia a: Joan Baez, Black Sabbath, Run-DMC, Crosby, Stills, Nash & Young, Judas Priest, Brian Adams, The Beach Boys, Tom Petty, Eric Clapton, Phil Collins (único músico que actuó en los dos escenarios), Bob Dylan y Led Zeppelin; mientras que en Londres a: Status Quo, Ultravox, Elvis Costello, Sting & Phil Collins, U2, Dire Straits, David Bowie, The Who, Paul McCartney, Elton John y los auténticos triunfadores musicales, Queen, que eclipsaron al resto del elenco.

Tras el Live Aid la banda entró de nuevo en el estudio de Gus Dudgeon para retomar algunas de las grabaciones desechadas del disco *Breaking Hearts*, además de utilizar Wisseloord Studios en Holanda para terminar el trabajo. Un disco que vería la luz a finales de 1986 y que sería un auténtico fracaso.

Actuando en el Live Aid de 1985

BAILANDO EN LA CUERDA FLOJA

El 4 de noviembre de 1985 se pone en circulación el nuevo disco de Elton John, *Ice On Fire*, precedido del single «Nikita», único tema que sobresalió en las listas. Se volvió a repetir la historia de discos anteriores, con una buena acogida en el Reino Unido donde alcanzó el #3, pero una pésima recepción en el mercado americano despeñándose al #48.

Tan solo 10 días después de la publicación del álbum, se inició un *tour* por Gran Bretaña que comenzó en el RDS Arena de Dublin, Irlanda y terminó el 31 de diciembre en el Bournemouth International Centre, dejando de por medio nueve noches consecutivas en el Wembley Arena de Londres con las 12.500 entradas de cada *show* agotadas. Para Navidad grabó el single «That's What Friends Are For», un tema aburridísimo destinado a la caridad en la línea de «We Are The World», interpretado por Dionne Warwick, Gladys Knight, Stevie Wonder y el propio Elton John, que funcionó muy bien en Estados Unidos, no así en el resto del mundo.

En 1986 retomaron la gira de presentación de *Ice On Fire*, mientras que iban grabando el nuevo álbum en los Wisseloord Studios y en casa de Gus Dudgeon, The Sol Studio. Un trabajo que se completó en septiembre de 1986. El 3 de enero comenzaban la segunda parte del *tour* con un total de 56 actuaciones por toda Europa. En marzo de 1986, y dentro de la gira, Elton John actuó por tercera vez en España, el 1 de marzo en el Palacio de Deportes de la Comunidad de Madrid, el 2 en el Velódromo Anoeta de San Sebastián y el 4 en el Palau d'Esports de Barcelona.

La grabación del nuevo disco se extendió demasiado en el tiempo, y en verano de 1986 todavía no habían acabado, siendo el principal inconveniente las drogas. Gary Osborne estaba saliendo del infierno de la cocaína, pero recordaba que en aquella época John estaba en su peor momento y no se podía despegar de la bolsa de polvo blanco, «Yo había dejado la coca por fin, pero John consumía grandes cantidades diarias. No se puede hacer nada cuando tu mente ha estado metida en la coca durante los últimos cinco años». El tema «Memory of Love», incluido en el nuevo álbum que se llamaría *Leather Jackets*, sería el último en el que Gary colaboraría con John.

Las desavenencias alcanzaron la relación con Gus Dudgeon, tras su discrepancia con John sobre la calidad de los temas grabados,

exponiendo las dudas que le ofrecía la mayor parte del material y provocando la ira de Elton John, que no admitía opiniones contrarias a la suya, tal y como recuerda el batería Charlie Morgan, «estaba en sus peores días desde que lo conocí. Trabajamos mucho en muy poco tiempo, pero nada de lo grabado tenía calidad. John estaba completamente desquiciado, con cambios de opinión constantes y absurdos. Incluso desaparecía sin saber dónde estaba durante días».

Definitivamente 1986 no fue un buen año para Elton John. Había comenzado con problemas matrimoniales que derivaron a una separación pactada y anunciada por John Reid y el 1 de febrero fallecía Dick James de un ataque al corazón. En junio de 1985, el equipo jurídico de John y Taupin, con John Reid al frente, había denunciado a DJM Records, This Record Company y especialmente a Dick James, por los *royalties* de sus grabaciones entre 1967 y 1975. El juez dictaminó que Dick James había ejercido una posición de fuerza al descubrir a los dos artistas y contratarles por un salario semanal y una ínfima referencia de derechos de autor. El 1 de diciembre de ese mismo año condenó a DJM a indemnizar con un total de cinco millones de libras, no por los derechos de autor, ya que la denuncia llegó muy tarde, pero sí por haber abusado de dos jóvenes inexpertos, con un contrato inadmisible, abusivo y a todas luces ilegal. La amistad de

John con James y su familia se rompió con el juicio y la muerte de este le dejó completamente tocado, entrando en una profunda depresión que no hizo otra cosa que agravar sus adicciones. Años más tarde declaraba a la revista *Q*: «No quería ir a juicio, fue muy desafortunado. James era como un padre para mí».

El 10 de agosto inician una gran gira americana de 43 conciertos, durante la que John tuvo problemas serios de garganta, que obligaron a cancelar algunas fechas, al mismo tiempo que su conducta se volvió más irascible e insoportable. El 15 de octubre, una vez finalizada la gira americana, se editó *Leather Jackets*, confirmándose el desastre que alguno de sus colaboradores vaticinaba. Perdió empuje en el Reino Unido, donde sus últimos trabajos habían funcionado bien y descendió al #24 de los *charts*, pero en Estados Unidos fue una auténtica debacle, su peor disco desde *Victim Of Love*, que no pudo superar un humillante #91, provocando una ruptura definitiva entre Elton John y Geffen Records, que rescindió el contrato publicando en noviembre de 1987 el recopilatorio *Elton John's Greatest Hits Vol. 3*.

EL TOUR DE LOS DIVORCIOS

El 5 de noviembre comenzó una gira australiana de 26 actuaciones llamada Tour The Force, que contribuyó al malestar generalizado del equipo, con comportamientos coléricos de John y Reid, y que en el caso del primero le obligaron a pasar por el hospital por una paliza propinada por un camionero, al defenderse de una agresión de Elton John en una discusión de tráfico. Las drogas y el alcohol eran cotidianas y abundantes, contribuyendo a que varios miembros de la tripulación de la gira rompieran sus relaciones sentimentales durante la misma, por lo que comenzaron a llamarlo Tour Divorce. La gira australiana era muy especial pues los *shows* estaban divididos en una primera parte por su actuación con la banda del *tour* y una segunda acompañado por los 80 músicos de la Melbourne Symphony Orchestra. Un espectáculo de más de tres horas de duración que llevaría hasta la extenuación a Elton John, tanto física como mentalmente. Dentro de la gira Elton John tenía una residencia de 12 noches en el Sydney Entertainment Centre, donde estaba planeado grabar un disco en directo que sería el primero editado por MCA, sello al que regresó tras romper con Geffen Records. El disco iría acompañado de una transmisión de la ABC, corporación australiana de televisión,

y grabado por Gus Dudgeon, pero los planes se truncaron cuando el 9 de diciembre y tras arrastrar algunas actuaciones con graves dolores de garganta, Elton John se desplomó en el escenario cuando la orquesta estaba realizando su introducción. Se juntó el mal estado físico del cantante debido a la pésima dieta alimentaria basada en hamburguesas, patatas chips y helados, como el mismo John reconoció más tarde, al deterioro de años de abuso de cocaína y alcohol.

Los médicos le aconsejaron suspender la gira y le plantearon la posibilidad de abandonar la música, pues las lesiones dejaban patente el riesgo de la afección, sin descartar un tipo de cáncer, que supondría el final de su carrera. Pero los compromisos adquiridos con ABC para la emisión de uno de los conciertos y la más que demostrada adicción de Elton John al trabajo, le impidieron acceder al deseo del equipo médico y el 14 de diciembre, último concierto de la gira, se llevó a cabo la grabación con Elton John disfrazado de Mozart ante más de 12.000 fans enloquecidos. Rocket Records en el Reino Unido, MCA en Estados Unidos y ABC en Australia, editaron el álbum *Live In Australia* el 6 de julio de 1987, un año que fue horrible para Elton John.

CON LOS OJOS DE UN CADÁVER

Elton John comenzó 1987 sometiéndose a una cirugía urgente en Australia, donde le extirparon varios nódulos en la garganta, que afortunadamente no eran de carácter maligno, pero la operación afectó a su voz, perdiendo un par de tonos en el rango agudo, algo que podemos comprobar en los discos a partir de esta fecha. La prensa británica se volcó en el hecho de que su esposa, Renate, estaba en Inglaterra y ni siquiera acudió a visitarle tras la operación. La todavía esposa de Elton John sufrió una campaña espantosa de acoso y derribo en busca de una exclusiva y hay que apuntar a favor de su persona que jamás concedió ninguna entrevista, habló mal ni bien de John, ni intentó sacar beneficio alguno de su relación.

El 25 de febrero *The Sun* publicó en portada *Elton In Vice Boys Scandal*, con un detallado artículo interior en el cual, Stephen Hardy, declarado proxeneta de homosexuales jóvenes, afirmaba ser el proveedor de prostitución de famosos políticos, deportistas y músicos. Concretamente postulaba que había asistido a una fiesta gay en casa del mánager de Rod Stewart, Billy Gaff, donde encontró a Elton John esnifando cocaína y utilizando los servicios de chicos de alquiler. Desde ese momento se orquestó una campaña en *The Sun* en contra de Elton John. Fue política de su editor Kelvin McKenzie, mediocre periodista y cancerbero del magnate de la prensa Rupert Murdoch, que fecundó el crecimiento de ventas de tabloide a base de mentiras, noticias falseadas, titulares insultantes y prensa basura.

Su lema era ir en contra de homo-sexuales, drogadictos, políticos de izquierdas, feministas, musulmanes y cualquier arquetipo que no entrara en su visión fascista del mundo occidental. Tres víctimas de su supuesta visión periodística fueron Freddie Mercury, a quien persiguió con difamaciones sensacionalistas hasta en su entierro, el vocalista y líder de Culture Club, Boy George, contribuyendo al final precipitado de su carrera musical y Elton John. El 26 de fe-

brero *The Sun* atacaba de nuevo con el titular «Elton's Kinky Kinks» y «Elton drugs capers». Elton John interpuso en los siguientes seis meses más de 17 demandas judiciales contra *The Sun* y McKenzie, provocando una jugada perfecta para el editor, que vio en la guerra contra el «marica rockero y millonario» la punta de lanza de su política de periodismo basura (dicho sea de paso, que impera hoy en día en una profesión completamente denostada). Se publicaron artículos contra las demandas, como el titulado «You a Liar Elton» donde se le trataba de mentiroso, drogadicto y depravado sexual; se publicaron fotos robadas de John con una pareja masculina abrazados (*The Sun* pagó 16.000 dólares por tres fotos Polaroid). Siguieron artículos intentando demostrar que su matrimonio con Renate había sido una farsa para ocultar su homosexualidad, al mismo tiempo que cualquier movimiento de Elton John era espiado con lupa para ultrajarle. *The Sun* se colocó a la cabeza de ventas entre los periódicos del país, abriendo la veda para que el sensacionalismo se impusiera en el método periodístico. Desgraciadamente sigue imperando a día de hoy, siendo una prueba de ello la mayor parte de los tertulianos televisivos de nuestro país.

Elton por su parte no desfalleció y siguió interponiendo demandas, desoyendo el consejo de personas de su entorno que le exhortaban a dejar la guerra contra McKenzie, incluso Rod Stewart y Mick Jagger intentaron convencerle de que no ganaría jamás. John siempre esgrimió un buen argumento: «Pueden decir que soy un viejo gordo y feo, pueden decir que soy un bastardo sin talento, pueden llamarme cualquier tontería, pero no deben mentir sobre mí, porque entonces voy a luchar. Y estoy decidido a ganar».

The Sun cometió un tremendo error debido a su prepotencia, publicó una de las confesiones de Stephen Hardy en la que situaba a Elton John en una fiesta gay con sexo de pago en casa de Billy Gaff, algo que no tenía nada extraordinario entre las cientos de mentiras que volcó el rotativo, pero, en esta ocasión, publicó la fecha del incidente, el 30 de abril de 1986. Elton John pudo demostrar que en esa fecha se encontraba a bordo de un Mach 2 de la compañía British Airways Concorde cruzando el Atlántico camino a Nueva York.

Con esta premisa, la competencia de *The Sun*, el *Daily Mirror*, hizo un trato económico con Stephen Hardy y el 6 de noviembre de 1987 publicó el artículo «My Sex Lies Over Elton». En él se aclaraba que Hardy recibió 3.000 libras de *The Sun* por montar la trama de mentiras: «Es todo un paquete de mentiras, lo inventé todo. Solo lo hice por dinero... Nunca conocí a Elton John... Nunca he estado en uno de sus conciertos... De hecho, odio su música», afirmó Hardy. A finales de 1988, más de año y medio después de la primera demanda, *The Sun* fue condenado a indemnizar a Elton John con un millón de libras y a pagar 600.000 libras más por gastos de juicio. Elton John donó el 100% de la compensación económica a diferentes entidades de beneficencia y exigió una disculpa en primera página que el juez aceptó. *The Sun* tuvo que publicar un escueto *I'm sorry, Elton*. El tratamiento de *The Sun* hacia Elton John cambió radicalmente, pero su editor siempre mostró una animadversión hacia él debido, seguramente, a su homofobia galopante, dejando joyas como la expresada en 2006: «Creo que *The Sun* debería recuperar su millón de libras. No lo ha dañado en absoluto, ¿verdad? La difamación solo puede tener un valor si ha habido algún tipo de daño, ¿verdad? ¿Dónde está el daño? ¿Dónde? No hay nada malo con él. Así que no, no me siento mal por él, en absoluto». McKenzie ha estado envuelto en numerosos escándalos a lo largo de su carrera profesional, siempre rodeado de sospechas de mentiras, racismo, homofobia e intolerancia. Su mejor defensa ha sido el ataque directo: «Mira, no estoy aquí para ser de ayuda. Estoy aquí para ayudarme a mí mismo, entonces no me arrepiento de cómo traté a algunas personas». Desgraciadamente, su manual de mala praxis es hoy en día libro de cabecera de gran cantidad de profesionales, los voceros de la mentira: «Cuando publiqué esas historias, no eran mentiras. Eran grandes historias que luego resultaron ser falsas, y eso es diferente. ¿De qué se supone que debo avergonzarme?».

Durante todo este periodo de escarnio y humillación pública, la carrera musical de Elton John estuvo varada en dique seco, y al igual que una embarcación entra en astilleros para ser reparada, John comenzó un proceso de regeneración y cambio, durante el cual comprendió que su peor enemigo era él mismo. La decisión estaba tomada, pero no sería sencillo ponerla en práctica, muchos años de excesos pasarán factura en forma de adicciones muy complejas de superar.

DESPRENDERSE DEL EQUIPAJE MOLESTO

El 24 de junio de 1988 se lanza el nuevo disco de Elton John, *Reg Strikes Back*, toda una declaración de intenciones que en la portada recopila cientos de trajes y objetos que pertenecen al pasado del músico, como si de un purgatorio espiritual se tratara. En el interior, a modo de redención, aparecen dos viejos compañeros con los que no fue muy justo, Nigel Olsson y Dee Murray (afectado por un cáncer de piel), pero lo hacen sin sus instrumentos, realizando coros en un epílogo bastante triste. Quien cae del equipo es Gus Dudgeon, probablemente como chivo expiatorio por las escasas ventas de *Leather Jackets*, su lugar lo recupera Chris Thomas, mucho más cerebral que Gus, comprendiendo que Elton estaba pasando un periodo donde se debía mostrar desnudo, tal como era, sin subterfugios ni excesos de producción. En septiembre se escenificó la ruptura con su forma de vida anterior organizando una subasta en Sotheby's, donde se pudo pujar por trajes de escenario, objetos utilizados en giras, joyería y todo tipo de adquisiciones en los años del desenfreno. Se recaudaron 15 millones de libras en una subasta que sobrepasó las expectativas más positivas, tan solo por las Doc Martens que utilizó en la película *Tommy*, se quintuplicó el precio de salida, siendo adquiridas por 6.200 libras. John arregló definitivamente el divorcio con Renate, de forma amistosa y con una indemnización de 5 millones de libras y un gran sentimiento de culpa: «Ella estaba enamorada de mí, pero yo estaba siendo deshonesto aunque no podía admitirlo, porque no quería ver la realidad. Debería haber cancelado la boda y ahorrarle el dolor, aunque hemos tenido muy buenos momentos juntos».

El 9 de septiembre de 1988 comenzaba una nueva gira americana de 31 conciertos para presentar *Reg Strikes Back*, que finalizaron con 5 noches consecutivas en el Madison Square Garden de Nueva York con todo vendido. En esta gira sería la primera vez que utilizó un piano eléctrico y un nuevo *look* más acorde con su nueva faceta personal, dejando los disfraces de lado, aunque los excesos pretendían ser erradicados, el alcohol y la cocaína seguían estando presentes de forma más atenuada.

Elton John durante la gira de Reg Strikes Back

Terminada la gira americana la banda entró a grabar su nuevo disco, *Sleeping with the Past*, en los Puk Recordings Studios de Dinamarca bajo la producción de Chris Thomas. 1989 comenzó con la edición de *The Complete Thom Bell Sessions*, una década después de la primera edición y con tres temas más. El 20 de marzo en el Halle Tony Garnier de Lyon se inicia la segunda manga del *tour* mundial de presentación de *Reg Strikes Back*, con 56 conciertos por toda Europa. Este *tour* configuró una nueva visita a nuestro país, los días 21 de abril en el Palacio de Deportes de Zaragoza, el 22 en el Velódromo Anoeta de San Sebastián, el 23 en el Palacio de Deportes de la Comunidad de Madrid y cerrando el 25 de abril en el Palau d'Esports de Barcelona.

Recién iniciado el *tour* europeo, el 19 de marzo, se puso en circulación *Sleeping with the Past*, teniendo una estupenda acogida en el viejo continente, donde alcanzó el #1 en Suiza y el Reino Unido. En Estados Unido significó una nueva remontada en ventas y alcanzó el #23, que seguía siendo modesto para los números de Elton John, pero marcaba una tendencia de recuperación importante. El single «Healing Hands» se convertiría en el primer single de Elton John en conseguir el #1 británico, vendiendo 600.000 copias, con unas ganancias en *royalties* de 328.000 libras que donó a organizaciones benéficas, al mismo tiempo que anunció que toda la recaudación de los discos sencillos sería entregada a la caridad. De este álbum se editaron cinco sencillos. El año terminó como en los peores años de DJM, sin apenas periodos para descansar y empalmando grabación con gira constantemente. El 29 de julio se embarcaban en otra desgastadora *tourné* americana de 54 conciertos, con Elton John en un estado físico lamentable, al borde del colapso. Su intento de cambiar de vida no había supuesto un giro de 180 grados y sus terribles adicciones seguían presentes, a las ya devastadoras del alcohol y la cocaína, era cada día más evidente la bulimia que padecía con los trastornos depresivos que ello suponía y buscando en el trabajo la única salida, sin entender que necesitaba urgentemente ayuda.

RYAN WHITE O EL EJEMPLO A SEGUIR

Con este panorama de agotamiento físico, la banda ofrece 26 conciertos en Australia y Nueva Zelanda del 27 de enero de 1990 al 3 de marzo, para continuar con una pésima programación de *shows* impensables en un artista de su categoría y experiencia. 7 y 11 de abril en Indianápolis, el 8 de mayo en California, viajar a Francia para actuar el 12 de mayo y regresar a Estados Unidos para actuar el 18, 19 y 20 de mayo en el Etess Arena de Atlantic City. Miles y miles de kilómetros que no hicieron otra cosa que socavar la poca resistencia de Elton John, tal y como recordaba en una entrevista televisiva en 2006, «Había conocido a Elvis un año antes de su muerte y sabía que estaría muerto en poco tiempo. Yo me veía como Elvis, aislado, separado de toda mi gente, habiendo perdido todo tipo de valores y autoestima. Llegó un momento en el que no podía hablar con nadie si no tenía la nariz llena de cocaína».

El *shock* definitivo que abrió los ojos de Elton John y posiblemente le salvó la vida sucedió en abril de ese año. El 8 de

Ryan White, el niño que salvó la vida de Elton John

abril fallecía Ryan White, adolescente de 18 años que fue infectado con el VIH en una transfusión sanguínea de un tratamiento común de la hemofilia, a la edad de 12 años. Desde ese momento sufrió un auténtico calvario por parte de la América profunda e ignorante. Se le impidió la entrada en su escuela y más tarde él y su familia fueron desahuciados de su casa y expulsados de la ciudad de Kokomo, Indiana. Se trasladaron a la vecina ciudad de Cicero donde comenzaron a presentarse los mismos problemas de intolerancia, obligando al equipo médico a emitir un comunicado en el que se aseguraba que White no suponía un peligro de contagio para la comunidad, pues el sida no se transmitía por el aire y solo era posible el contagio a través de fluidos corporales. Hubo manifestaciones de padres por todo el condado para expulsar a la familia de nuevo y ante la negativa de las autoridades numerosas familias cambiaron a sus vástagos de escuela. Elton John prestó a la familia White 16.500 dólares para la compra de una casa en Cicero, con una cláusula que indicaba que la devolución económica se dedicaría a una beca universitaria para la hermana de Ryan. White se convirtió en un icono de la lucha contra el sida y contra la ignorancia y la desinformación, realizando apariciones televisivas y entrevistas en periódicos para explicar su

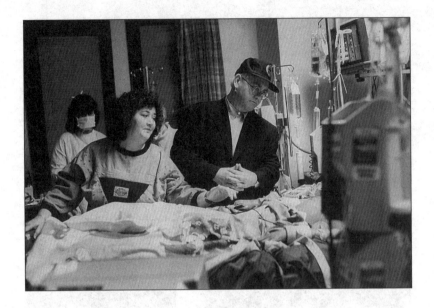

historia y cambiar la percepción de la enfermedad en la población. En 1988 Ryan habló ante la Comisión del Presidente sobre la epidemia del sida, e incluso se realizó un film televisivo llamado «The Ryan White Story» que fue visionado por más de 15 millones de personas. El 29 de marzo de 1990 Ryan White fue ingresado en la unidad de pediatría del Riley Hospital, con una grave infección de las vías respiratorias. Elton John le visitó días antes de su muerte y su presencia, su serenidad e imperturbabilidad, además de la paz que demostró poseer al perdonar a toda la sociedad puritana que se había comportado vilmente con él y su familia, le provocó un terremoto en sus débiles esquemas de personalidad. «Al ver lo valiente que era ese niño, supe que mi vida estaba completamente fuera de lugar. Cuando ves todo eso te llega profundamente y tiene el poder de cambiarte. Tenía claro que si seguía así moriría de un ataque al corazón». Elton John cantó el tema «Skyline Pigeon» en el funeral de Ryan White, el 11 de abril en la Segunda Iglesia Presbiteriana de Indianápolis, pero lo más importante es lo que recuerda de aquel día, «cuando veo las imágenes cantando en el funeral de Ryan, veo lo muerto que estaba. Era como Elvis, un hombre tocando el piano con los ojos de un cadáver».

Tras el funeral, Hugh Williams, pareja de Elton John en aquella época, decidió entrar en una clínica para rehabilitarse de su adicción

En el sepelio de Ryan White

a la cocaína. Elton John tardó algo más, porque a pesar de ser multimillonario, ningún centro admitía a un paciente con tantas dependencias marcadas, alcoholismo, drogadicción y bulimia. El 29 de julio de 1990 ingresó en el Hospital Luterano Parkside de Chicago. No
sería fácil, pero por primera vez Reginald Dwight tomaba las riendas
de su vida y era él quien marcaba el camino, ese día en lugar de ser
el principio del fin, fue el inicio de un nuevo principio.

TERCERA PARTE: EL VUELO DEL AVE FÉNIX

He esquivado muchas balas. No solo por el sexo sin protección que tuve, sino por la cantidad de drogas, alcohol y exceso de trabajo durante años. Tuve mucha suerte.

Elton John

LOS RESTOS DEL NAUFRAGIO

Desintoxicarse no resultó sencillo para Elton John, como no le resulta fácil a nadie, pero el hecho de tener múltiples adicciones agravó el problema. Para una persona que había intentado superar todas sus debilidades y complejo de inferioridad a base de erigirse como máxima autoridad en su círculo profesional, que consiguió estimular su autoestima rodeada de un aura de mando incuestionable, lo más complicado de aceptar fue pasar de ser una estrella del rock a un simple paciente, donde su poder de decisión y superioridad eran un mero espejismo. En 1995, superada la dependencia, declaró: «No encajé muy bien que me dijeran lo que tenía que hacer. Intenté salir del programa en dos ocasiones, con las maletas hechas para marchar... en una de ellas salí, me senté en la calle y arranqué a llorar porque no sabía dónde podía escapar. Comprendí que era mi última oportunidad». Además de los problemas de alcohol y cocaína, los médicos que le trataron tuvieron que luchar contra otras sustancias dominantes en la mente de John. Cuando años antes de decidir ingresar en rehabilitación, apostó por levantar el pie del acelerador sin asesoramiento médico, entró en un bucle depresivo que intentó ser neutralizado a base de Prozac, un fármaco conocido también como Fluoxetina que los laboratorios Eli Lilly comenzaron a comercializar de forma masiva en 1987. Prozac se convirtió en un medicamento esencial para combatir la depresión, inhibiendo la producción de serotonina y presentándose como un gran estimulador de la plasticidad cerebral, hasta el punto que se conoció como «pastilla de la felicidad» o «cura todo», que además no provocaba adicción, al menos física, porque está comprobado que puede llegar a producir dependencia psicológica muy aguda. Otro de los medicamentos legales que tuvo que mantener a distancia fue el Dilantin o Fenitoína, protagonista privilegiado de los botiquines de cocainómanos en la década de los noventa; un potente relajante muscular que paliaba los temblores y convulsiones de días de abstinencia obligatoria por falta de suministro. Tras salir de la clínica, Elton alquiló una casa en Holland Park, Londres, y se retiró para mantener una existencia muy discreta, ayudado por su madre Sheila y Derf, que regresaron de España. Se apuntó a un grupo de alcohólicos anónimos que reconoció importantísimo en su rehabilitación, ya que resultó mucho más fácil desprenderse del alcohol que de la cocaína. Con el nuevo rumbo que le quería dar a su vida, entró uno de los terrores más extendidos de aquellos años, el sida o el pánico a haber sido contagiado, no en vano a su alrededor habían caído muchos, tal y como reflejó en el discurso inaugural de la XIX Conferencia Internacional sobre el sida en julio de 2012, en Washington D. C.: «A decir verdad, no debería estar aquí el día de hoy, debería estar muerto, seis pies bajo tierra en un ataúd. Debí haber contraído el VIH en los ochenta y morir en los noventa, exactamente como Freddie Mercury o como Rock Hudson, justo como tantos otros amigos y amantes de ustedes y míos. Cada día me pregunto cómo pude sobrevivir. Ignoro la respuesta y siempre la ignoraré, pero sé por qué estoy aquí». John se realizó las pruebas del VIH terminada su rehabilitación obteniendo un resultado negativo.

Durante el periodo de inactividad musical se editaron tres recopilaciones para paliar el vacío mediático de su retiro: *To Be Continued* en 1990, y *Rare Masters* y *Greatest Hits 1976-1986* en 1992, precisamente este último se convirtió en su álbum más vendido en el Reino Unido. La primera aparición de Elton John en un escenario fue el 10 de marzo en el Rock for the Rainforest, un festival organizado por Sting y su esposa Trudie Styler en el Carnegie Hall de Nueva York, con la intención de recaudar fondos para la asociación Rainforest Foundation, cuya misión es ayudar a los pueblos indígenas de la selva tropical y luchar contra la deforestación de uno de los

George Michael con Elton John en el Wembley Stadium

pulmones más importantes del planeta. Además de Sting, músico que ha actuado en todas las ediciones, los que más han colaborado con la causa han sido Billy Joel, James Taylor y Elton John. El 25 de marzo salió como invitado de George Michael en el Wembley Stadium, donde interpretaron a dúo el tema «Don't Let the Sun Go Down on Me», canción que se editó en single posicionando en el #1 de Estados Unidos e Inglaterra. El nuevo rumbo que llevaba su vida le transformó en un personaje altruista y se volcó con acciones de beneficencia y colaborativas. De esta forma todos los beneficios del single junto a George Michael fueron entregados a una decena de organizaciones benéficas. En octubre de 1991 se editó *Two Rooms: Celebrating the Songs of Elton John & Bernie Taupin*, un recopilatorio de 16 canciones de la pareja John/Taupin, interpretadas por otros grupos y músicos a modo de homenaje. Eric Clapton, The Who, Sting o Joe Cocker estuvieron incluidos.

En noviembre de 1991 Elton John estaba preparado para entrar de nuevo en el estudio de grabación y retomar su carrera musical.

Bajo las órdenes de Chris Thomas entró en el Studio Guillaume Tell de París, con la perspectiva de grabar sin el influjo de las drogas y el alcohol. Según contó John Reid, fue un momento muy complicado de vivir: «Fue muy difícil para John, el primer día no podía hacerlo y nos tuvimos que marchar del estudio. Volvimos al día siguiente y la cosa ya funcionó». Sin embargo entre el inicio de la grabación y su edición final, acaecieron acontecimientos que dejaron muy marcado a John. El 24 de noviembre de 1991 falleció Freddie Mercury, íntimo amigo de John, al que vio consumirse en los últimos cinco años. Elton John fue una de las pocas personas que lo visitaron moribundo y que asistieron a su entierro. Un mes más tarde falleció su padre, con quien no terminó de arreglar sus rencores y frustraciones, negándose a asistir al sepelio y arremetiendo contra él en diferentes entrevistas. Finalmente, en julio de 1992, falleció por complicaciones de sida su examante y amigo Vance Buck, a quien dedicó el nuevo álbum. El 20 de abril se celebró The Freddie Mercury Tribute Concert for AIDS Awareness, con 72.000 personas abarrotando el Wembley Stadium de Londres y con una audiencia estimada de 500 millones de personas a través de la retransmisión televisiva a más de 76 países. Elton John compartió escenario con Queen en dos canciones: «Bohemian Rhapsody» cantada a dúo con Axl Rose de Guns N' Roses y «The Show Must Go On», acompañado por Tommy Iommi de Black Sabbath a la guitarra. El álbum *The One* significó un cambio de sonido, con un Elton John más maduro y centrado, rodeado de viejos amigos como Nigel Olssen, Kiki Dee, Guy Babylon y Davey Johnstone, más las colaboraciones de Eric Clapton y David Gilmour. El éxito fue rotundo y espectacular, *The One* alcanzó el #2 en el Reino Unido y por fin recuperó el mercado americano con un más que multimillonario #38 en el Billboard con más de 2 millones de copias vendidas.

Llegados a este punto, Elton John inicia una nueva etapa profesional donde parece ser que su principal objetivo es tocar, llevando su música a lugares donde antes no había estado y ofreciendo giras impresionantes y extremadamente extensas. El 26 de mayo inicia el The One Tour por Europa, con 39 *shows* que lo traen de nuevo a España, en su visita más generosa. 13 de julio en la Plaza de Toros de Leganés, Madrid, el Estadio Benito Villamarín de Sevilla el 15, el campo de fútbol del Oviedo el 18, el Coliseum de A Coruña el 19 y cerrando la gira europea, el 21 de julio en el Miniestadi del F.C. Barcelo-

Elton John canta a dúo con Axl Rose en el The Freddie Mercury Tribute Concert for AIDS Awareness.

na. En menos de un mes, con la colaboración artística del diseñador de moda Gianni Versace, que creó la escenografía y el vestuario del *tour*, se inicia la parte americana del mismo, con 42 conciertos, entre los que destacan siete noches en el Madison Square Garden de Nueva York con el cartel de *sold out* colgado en la puerta, y el concierto del 1 de noviembre en el Bridge School Benefit en California; evento benéfico anual organizado por Neil Young para recaudar fondos para Bridge School, una organización que asiste a niños con discapacidades físicas severas y con necesidades especiales de comunicación. La beneficencia pasaría a ser una de las prioridades de Elton John desde los primeros años de esta década. Una vez finalizada la gira americana de *The One*, el equipo se embarca en la primera gira latinoamericana de su historia del 13 al 26 de noviembre, con dos conciertos en el Estadio Azteca de la capital de México, dos en el Estadio River Plate de Buenos Aires y uno en la Praça da Apoteose de Río de Janeiro.

Siguiendo con su nueva faceta altruista crea la Elton John AIDS Foundation (EJAF), organización sin ánimo de lucro que apoya programas innovadores de prevención del VIH, así como de educación, atención sanitaria directa y apoyo a las personas contagiadas. EJAF se instaló en Estados Unidos durante este año, pero en 1993 también se inscribió en el Reino Unido. En 1993 mantuvo la misma rutina de conciertos de los años de DJM, pero esta vez sin recriminaciones y

completamente decidido. En febrero inició una gira de 23 conciertos por Australia, Japón y Singapur, que les ocupó hasta finales de
marzo. A principios de abril se movilizaron para una nueva *tourné*
americana presentando *The One*, un total de 19 *shows* que les llevó
hasta el 8 de mayo por Estados Unidos y Canadá. Cuatro días más
tarde comenzaba de nuevo la gira europea de The One Tour, con 26
conciertos por Inglaterra, Grecia, Israel, Turquía, Italia, Austria, Suiza,
Alemania, Francia y España, donde volvió a tener tres actuaciones: el
7 de junio en el Palau d'Esports de Barcelona, el 10 en el Estadio Municipal de Marbella y el 12 en el Auditorio de Santa Cruz de Tenerife.
De agosto a finales de septiembre entra en diferentes estudios de
grabación para grabar un proyecto, cuya idea original era un EP navideño, pero termina convirtiéndose en un álbum doble de duetos, en
el que graba junto a nombres como Little Richard, Don Henley, Chris
Rea, Paul Young, Bonnie Raitt, Leonard Cohen y George Michael (single grabado en directo en el Wembley Stadium). Finaliza su actividad
frenética con un nuevo tramo de 19 conciertos por Estados Unidos,
durante el que se reincorpora de nuevo a la banda el percusionista Ray Cooper. Durante esta gira americana John inició una nueva
relación sentimental con David Furnish, un ejecutivo de publicidad
canadiense, que además era productor de cine. En diciembre visita Sudáfrica para actuar en Sun City durante cuatro noches bajo el
nombre de Under African Skies, en esta ocasión sin el fantasma del
apartheid, que fue erradicado en 1992.

El año 1994 fue extraordinario para Elton John, comenzando por
el 19 de enero, cuando Axl Rose lo introdujo en el Rock and Roll Hall
Of Fame, con un discurso muy emotivo que vislumbraba su admiración por el británico: «Tanto para mí como para muchos otros, nadie
ha estado más inspirado que Elton John. Cuando hablamos de grandes dúos de rock como Jimmy Page y Robert Plant, John Lennon y
Paul McCartney, Mick Jagger y Keith Richards, me gusta pensar en
Elton John y Bernie Taupin. También esta noche creo que Elton debe
ser honrado por su gran trabajo y contribución en la lucha contra el
sida. También por su valentía al exponer todos los triunfos y trage-
dias de su vida personal». En directo Elton John realizó 60 conciertos
por Estados Unidos y Europa, ocupando la mayor parte de la gira
americana con el Face To Face Tour, en combinación con Billy Joel en
una de las giras más exitosas de ese año.

Elton John y Tim Rice mostrando el Óscar de *El rey león*

Pero para John lo mejor de 1994 fue el estreno de la película de Disney *El rey león*, donde John había compuesto la música sobre letras de Tim Rice, con quien había trabajado en el tema «Legal Boys» del álbum *Jump Up!* El estreno de *El rey león* fue un éxito extraordinario y el tercer film de animación más taquillero de la historia. En Estados Unidos se lanzó la banda sonora como CD y alcanzó de inmediato el #1 de las listas del Billboard. Canciones como «Hakuna Matata», «Circle Of Love» o «Can You Feel The Love» se convirtieron en favoritas de niños y adultos, proporcionando a John un salto generacional impresionante. Ya no era el viejo rockero que vivía de una época dorada pasada, la percepción popular cambió y se le dejó de ver como la estrella que es famosa por ser rico, codearse con la realeza y poco más; Elton John pasó a aglutinar bajo su música a varias generaciones de fans, vendiendo más discos que en las dos últimas décadas. *The Lion King* vendió más de diez millones de copias tan solo en Estados Unidos, y casi 19 millones en todo el planeta. En la entrega de los Óscar de Hollywood, las tres canciones antes señaladas estaban nominadas para recibir la estatuilla, siendo «Can You Feel The Love» a la que se la concedió la academia. En tan solo cinco años Elton John había rehecho su vida.

UN FINAL DE DÉCADA INFELIZ

En marzo de 1995 se publicó *Made In England*, con una portada que representaba un lavado de cara muy significativo; con un primer plano de Elton John rejuvenecido y con una enorme capa de mullido cabello, producto de los numerosos implantes capilares a los que se sometió. Seriedad, rejuvenecimiento, moderación y responsabilidad fueron los objetivos de esa portada. Musicalmente el disco, producido por Greg Penny, con quien había trabajado en alguna de las canciones de *Duets*, fue una confirmación de la solidez de la nueva etapa, sin ningún single de éxito, el álbum funcionó muy bien en el Reino Unido con un #3 en las listas, mientras que en América mejoró de nuevo los registros con un #13. Sería bueno recordar, que esa diferencia de posición en las listas es inversamente proporcional a la de ventas.

En febrero había realizado una gira japonesa de ocho conciertos y el mismo mes que se publicaba el disco comenzó Face To Face Tour 1995, repitiendo la exitosa gira que el año anterior había realizado junto a Billy Joel. Un total de 17 conciertos por Australia, Canadá y Estados Unidos dejando espacio para una nueva aparición el 12 de abril en el Rock For The Rainforest de Sting. En mayo se embarcó de nuevo en la gira europa de 25 conciertos que visitó el 4 de julio el Campo de Fútbol El Sadar en Pamplona. Fue el principio del Tour de *Made In England*, que terminó pasando de nuevo por Estados Unidos y finalizando por Sudamérica, donde Elton John había ganado una auténtica marabunta de fans en esta nueva etapa de su carrera. Sus *shows* enamoraron en Argentina, Perú, Venezuela, Colombia, Costa Rica, Uruguay, Chile y Brasil, en la que fue la más extensa visita latina por el momento. Un total de 120 conciertos durante un año en el que John cumplía 48 años y parecía encontrarse en su mejor momento de forma física. Esta enorme gira fue la primera que realizó el nuevo fichaje de la Elton John Band, John Jorgenson, multiinstrumentista americano que se mantuvo junto al grupo durante seis años. También se vieron forzados a cambiar de bajista durante el *tour*, ya que Bob Birch sufrió un accidente automovilístico en uno de los descansos de la gira y entró en su lugar, para quedarse, David Paton que ya había colaborado con John anteriormente. Durante la etapa sudamericana de la gira, establecieron su base en Río de Janeiro y desde ahí volaban a todos los conciertos del continente, haciendo largos trayectos y aguantando temperaturas muy bajas en

James Tylor, Elton John, Bruce Springsteen y Sting

ocasiones. Ray Cooper comenzó a sentir síntomas de agotamiento físico y era a quien más perturbaban las bajas temperaturas, hasta el punto de tocar la percusión con guantes en las manos, que terminaban más doloridas de la cuenta. En uno de los últimos conciertos, al quitarse los guantes durante la actuación porque la mano se le había quedado inerte, vio que tenía muestras de inicio de gangrena en algunos dedos. Tuvo que abandonar y ser hospitalizado, diagnosticándosele el Síndrome de Raynaud, una afección circulatoria que puede llegar a ser grave, ya que el frío, las emociones y situaciones de alteración nerviosa, provocan espasmos vasculares que bloquean el flujo sanguíneo a las extremidades, especialmente los dedos, a la nariz y las orejas, pudiendo llegar a producir gangrena y la posterior amputación.

En 1996 Elton John paró su actividad de conciertos y hasta noviembre no se decidió a entrar a grabar su nuevo disco, que se llamaría *The Big Picture*. Su actividad se centró en la Elton John AIDS Foundation y en citas puntuales, todas ellas benéficas. El 8 de junio, por ejemplo, en el evento Pavarotti & Friends for War Child, concierto benéfico que el tenor Luciano Pavarotti organizaba anualmente desde 1992, cuyos beneficios eran donados a proyectos de solidaridad a favor de niños víctimas de la guerra. Cerró su circuito benéfico el 21 de septiembre en el Andre Agassi's Grand Slam for Children, organizado por el tenista norteamericano y que recaudaba fondos para su organización, Andre Agassi Charitable Association, con la que promovía proyectos de ayuda a niños desfavorecidos a través del deporte.

Musicalmente tan solo se editó el recopilatorio *Love Songs*, con cierta repercusión en los mercados anglosajones, pero sin llegar a las cifras de anteriores volúmenes.

El nuevo año comenzó con una colaboración sorprendente con la banda Queen o mejor dicho, con los tres miembros vivos; Brian May, Roger Taylor y John Deacon, cantando en el Theatre de Chaillot de París, la noche del 17 de enero en la gala de inauguración del *A Ballet for Life*, que se inspiró en la batalla de Mercury contra el sida. Se trató de la última actuación de John Deacon con Queen.

En 1997 cambiaron muchas cosas en la vida de Elton John y pocas fueron positivas. Se editó el documental *Tantrums and Tiaras*, un trabajo de 70 minutos de duración realizado por su socio, pareja y cineasta David Furnish. En él se presenta una visión muy personal del artista durante la extensa gira mundial de *Made In England*, pero no centrándose en su aspecto musical, sino que desarrolla un recorrido por el ámbito personal e íntimo; Elton John se desnudó metafóricamente delante de la cámara y ofreció una imagen que fue alabada y criticada por igual. En la cinta se nos presenta a un hombre que es encantador y atento, al mismo tiempo que generoso y con sumo talento, pero hay otra imagen más vulgar que también se expone, la de un ser odioso, mimado, difícil de tratar y sobre todo muy infantil. «Tenía muchas ganas de hacer un documental que no me describiera como un santo», declaró durante la promoción en televisión. «Muchos de los documentales que miras son muy respetuosos. Ciertamente no salgo todo cubierto de rosas. Hay momentos en los que mi comportamiento es bastante espantoso. Y aunque puedo reírme de ello, probablemente no lo hice. No es divertido en ese momento.» El resultado mostrado cambió la percepción de muchos sectores sobre Elton John, la prensa británica se apoderó de esa versión expuesta para intentar presentarlo como un paranoico millonario, caprichoso, egoísta y dictador con su equipo de trabajo, imagen que cambió radicalmente ese mismo año por un suceso trágico. Hoy en día *Tantrums & Tiaras* está considerado como un magnífico documental, más sincero de lo habitual y extremadamente generoso en contenido.

Durante el primer semestre de 1997 tan solo realizó cinco conciertos, muy esporádicos y dispersos por la geografía mundial. La mayor parte del tiempo estuvo grabando su nuevo disco, bajo las órdenes de Chris Thomas y con la banda que salió de gira: Davey Johnstone y John Jorgenson como guitarristas, Guy Babylon a los teclados, el recuperado Bob Birch al bajo y Charlie Morgan a la batería. El disco estaba previsto que se publicara a primeros de septiembre, pero se retrasó a finales de mes por causas ajenas a la producción.

El 31 de agosto fallecía en un accidente de tráfico en París Diana Frances Spencer, Princesa de Gales y amiga de Elton John. El automóvil en el que viajaba a gran velocidad, intentando escapar del acoso de los *paparazzi*, se estrelló en el interior del Túnel de l'Alma, en el accidente también falleció su pareja Dodi Al-Fayed y el conductor del automóvil, Henri Paul. Las emisoras de radio británicas comenzaron a emitir el tema «Candle In The Wind», del álbum de 1973 de John, *Goodbye Yellow Brick Road*, en homenaje a la Princesa Diana; al mismo tiempo la Casa Real le pidió que interpretara un tema a piano en el funeral a lo que John accedió inmediatamente. Se le pidió a Taupin que cambiara la letra original pensada como homenaje a Marilyn Monroe para adaptarla a las circunstancias. El 6 de septiembre Elton John interpretó la nueva versión en el sepelio de Diana, en la Abadía de Westminster. Elton John grabó la nueva versión con la producción de George Martin (The Beatles) y fue publicada como sencillo el 13 de septiembre, en homenaje a la Princesa de Gales. En su primer día de lanzamiento vendió 658.000 copias y más de 1.5 millones en la primera semana. Según el *Libro Guinness de los Récords*, «Candle in the Wind 1997», que es como se llamó la nueva versión, es el segundo single más vendido de todos los tiempos, detrás de

George Michael y Elton John en el funeral de Diana

«White Christmas» de 1942 de Bing Crosby. Todos los *royalties* de los dos compositores, así como el coste del trabajo de productor, discográfica y demás agentes implicados en el single, fueron donados al Fondo en Memoria de la Princesa Diana de Gales y repartidos en organizaciones benéficas con las que colaboraba. A finales de año el multimillonario Richard Branson, propietario, entre muchas otras empresas, de Virgin Records editó un álbum recopilatorio llamado *Diana, Princess of Wales: Tribute*, con 36 canciones de diferentes grupos y artistas. Branson invitó a Elton John a participar con el único tema especialmente compuesto o retocado para la ocasión, pero este se negó, aludiendo que la gente no podía pagar dos veces por la misma canción.

El 22 de septiembre, nueve días después del single, se editó *The Big Picture*, un álbum que tuvo una gran acogida gracias al sencillo, pero que estaba recargado de arreglos y medio asfixiado por la producción. Incluso Bernie Taupin reniega de este álbum debido a ese tema: «La producción es tremendamente fría y técnica, hace que el disco sea oscuro y parece orientado a las baladas».

Antes de comenzar otro larguísimo *tour* de presentación, Elton John participó en el concierto Music For Montserrat, celebrado el 15 de septiembre en el Royal Albert Hall. Un evento para recaudar fondos para la isla caribeña de Montserrat después de una gran erupción volcánica que la devastó a principios de año. Los músicos que participaron fueron Phil Collins, Ray Cooper, Carl Perkins, Jimmy Buffett, Mark Knopfler, Sting, Eric Clapton, Paul McCartney más Elton John entre otros. A finales de 1997, Elton John fue nombrado Caballero de la Orden Británica, máxima condecoración que se administró en agradecimiento por los servicios prestados en música y beneficencia. Dos años antes la Casa Real le había nombrado Comendador del Imperio Británico.

Durante el mes de marzo recorrió Nueva Zelanda, Australia y Japón bajo el nombre Face To Face 1998, repitiendo la experiencia de rodar junto a Billy Joel. La intención era seguir el mismo formato hacia Europa pero Joel enfermó y se tuvo que apear del *tour* el 6 de junio en el Wembley Stadium de Londres, continuando el resto de las fechas sin él. La gira terminó el 30 de junio en Zúrich, con 28 conciertos, 19 de ellos junto con Billy Joel.

Tras esa gira frustrada, se lanzó a un *tour* en solitario bajo el nombre de An Evening with Elton John, que lo mantuvo ocupado desde febrero a noviembre de 1999 con un total de 52 conciertos, divididos en tres etapas norteamericanas y dos europeas, durante las que visitó España con una sola actuación, el 1 de septiembre en la Plaza de Toros de Pontevedra, dentro de los actos del Xacobeo. Pero el final de década no fue excesivamente positivo para Elton John. El 26 de enero de 1998 el periódico *Mirror* publicaba una carta de los contables de Elton John, Price Waterhouse, fechada el 7 de enero, en la que se informaba de que el efectivo del músico podría desaparecer en el mes de abril. Con la carta se publicaron movimientos contables que fueron una bochornosa vergüenza para él. Se destapó una de sus adicciones más poderosas, el despilfarro. La filtración provenía de Benjamin Pell, un cazafortunas que se dedicaba a *hackear* ordenadores de famosos y revisar los cubos de basura en busca de documentos con los cuales sacar tajada de los periódicos. La carta procedía de una de las empresas que dirigía John Reid, e indicaba detalladamente gastos millonarios en flores, en ropa de Versace, e incluso se ventiló que había pedido un préstamo de 25 millones de libras, que según John fue para la recompra de los derechos de autor de las canciones de Bernie y suyas entre 1969 y 1973. Se planteó una demanda judicial contra Price Waterhouse, pero a medida que la situación empeoraba John Reid se postulaba como cabeza de turco, hasta que el 11 de mayo de

1998 fue despedido él y prácticamente todo el personal de John Reid Enterprises. Reid cobró una indemnización por el despido de cinco millones de libras, pero se presentó una demanda por la pérdida de cantidades millonarias, en gastos que Reid no debía haber cargado a las cuentas de John. Al mismo tiempo Elton John se vio sometido a una auditoría para comprobar sus finanzas, siendo expuesto públicamente como una alfombra colgada al sol. John fue vendido por la prensa como un millonario excéntrico y maniroto, comprador compulsivo y acaparador enfermizo, todas sus inseguridades volvieron del pasado y las combatió con el extenso *tour* An Evening with Elton John, solo sin ninguna compañía, como intentando escapar de lo que evidentemente consideraba una traición, si había sido manipulado y engañado por su mejor compañero, amigo, amante y socio, ¿qué podría esperar de los demás? Pero como en tantas otras ocasiones, las huidas de Elton John hacia adelante solo le han aportado disgustos. En el mes de julio en Niza sufrió un leve desmayo, diagnosticado como una infección del oído que le provocó pérdida de equilibrio. Varios días después a bordo de un avión tuvo otro episodio más agudo, que en la consiguiente revisión se comprobó que tenía una arritmia muy peligrosa en el corazón, por lo que ingresó urgentemente en el Wellington Hospital de Londres el 9 de julio para someterse a una leve cirugía e implantarle un marcapasos. En menos de un mes estaba de nuevo sobre un escenario, solo, él y su piano.

LA DÉCADA DEL FAST & FURIOUS

Para someterse a la operación de la implantación del marcapasos, Elton John tuvo que posponer algunos conciertos, siendo uno de ellos
el de Galicia. Una vez finalizados los conciertos que debieron ser sus-
pendidos de antemano, se inició una nueva gira americana en solitario llamada Medusa Tour, con un total de 87 conciertos divididos en
tres mangas americanas y dos europeas. En esta ocasión nos visitó
con una sola actuación, el 16 de septiembre en el estadio de fútbol
del Marbella. A esas actuaciones hay que sumarles las 33 noches que
configuraron el Stately Home Tour, conciertos que bien se podrían
haber incluido en el Medusa Tour, ya que era con el mismo repertorio
y con Elton John en solitario con su piano, pero con la característica
de que recorrió parte de las grandes casas señoriales europeas, prin-
cipalmente en el Reino Unido, Alemania y Austria.

Otro entreacto se produjo en el mes de septiembre, cuando tras el
concierto de Marbella, Elton se reúne con sus músicos y Bernie Taupin
en los Ocean Way Studios de Los Ángeles, para grabar el nuevo álbum
que se llamará *Songs from the West Coast*, bajo la producción de Patrick Leonard, responsable de numerosos discos de Madonna y que
había trabajado de ingeniero de sonido con Pink Floyd y amigos
como Bryan Ferry o Rod Stewart. Al mismo tiempo que grabaron
el álbum, se aprovechó el tiempo en estudio para poner en limpio el
repertorio de una nueva incursión de la banda en directo.

Los días 18, 20 y 21 de octubre del 2000, Elton John y su banda
al completo realizaron tres *shows* bajo el título de Greatest Hits Live.
El primero de ellos fue el First Union Arena de Wilkes-Barre, y sirvió
para poner la banda en funcionamiento como ensayo general, después de un largo periodo sin tocar juntos. Los otros dos días, en el
Madison Square Garden de Nueva York, estaban destinados a ser
grabados para la edición de un nuevo álbum en directo. Un disco
que se puso a la venta el 13 de noviembre de ese mismo año, a menos de un mes de su grabación, bajo el título *Elton John One Night
Only - The Greatest Hits Live*, acompañado de un DVD llamado *One
Night Only: The Greatest Hits Live* en el Madison Square Garden. El
título de «Solo una noche» es consecuencia de un error técnico; los
dos *shows* de Nueva York fueron grabados bajo la producción de
Phil Ramone, quien había trabajado con Billy Joel, pero las grabaciones de la primera noche sufrieron un deterioro acústico a conse-

cuencia de interferencias emitidas por las cámaras de vídeo, por lo que solo se pudo incluir el segundo concierto.

Elton John ha sido nominado a los premios Grammy en 34 ocasiones y ha ganado cinco veces la estatuilla más codiciada del mundo de la música, la última vez que lo consiguió fue por partida doble en el año 2000, llevándose el Grammy Legend Award y otro compartido con Tim Rice por la obra musical *Aida*. Al año siguiente, el 21 de febrero en el Staples Center de Los Ángeles, protagonizó uno de los momentos más polémicos y brillantes de la historia de la ceremonia de entrega. Eminem ganó el Best Rap Album por The Marshall Mathers, tercer disco de estudio del rapero, en medio de una enorme polémica que le acusaba de homófobo, racista y misógino, por el contenido de sus letras; algo que no importó a Elton John que actuó junto al rapero en la gala, interpretando el tema «Stan».

El 11 de abril de 2001 se produjo la sentencia de la demanda interpuesta por Elton John sobre las empresas de John Reid. La pelea jurídica llevaba activada desde 1998 cuando se filtraron unas informaciones que dejaban a Elton John como un despilfarrador compulsivo. John arremetió contra Reid y comenzó a darse cuenta de que el 20% que este se llevaba de todos sus negocios no era lo único que estaba engrosando sus arcas. Después de cuatro largos años de pleitos, el 11 de abril se supo la sentencia desfavorable, que ni siquiera quiso escuchar y no acudió al tribunal. Su abogado Frank Presland, declaró a la prensa a la salida del tribunal: «Hablaré con

Elton John cuando termine la sesión de tenis. Esto es solo trabajo, y mantenerse en forma es más importante para él». La demanda de Elton John ascendía a más de 2.000 millones de libras de indemnización, por los elevados costes de los contratos con John Reid Enterprise y Price-Waterhouse Coopers y por los gastos de las giras, que según el cantante debían correr a cargo de las agencias y no de sus fondos. El juez del Tribunal Supremo Justice Ferris, exoneró a las empresas de Reid y desestimó la demanda, por lo que además Elton John tuvo que abonar los gastos del costoso juicio, que se calcularon por encima de los ocho millones de libras. Lo peor para el cantante es que la trama judicial que duró 43 días, lo expuso ante la prensa y el público en general, saliendo gastos multimillonarios de inmuebles por valor de 40 millones de libras en 20 meses, caprichos como 293.000 libras en flores, o 250.000 en una sola tarde en la tienda de Versace, mientras un noqueado Elton John replicaba en la prensa: «No tengo a quién dejar el dinero. Soy soltero y me gusta gastar». También salieron a relucir sus problemas con el alcohol y las drogas, con secuelas de memoria evidentes al no recordar ciertas fechas importantes para llevar a cabo la demanda. Reid sin embargo jugó el papel de víctima dolida pero razonable y amigable, declarando que «es triste que nuestra relación de 28 años haya concluido de esta forma, en los tribunales. Le aconsejaron mal. Nadie ha salido bien parado, sobre todo Elton. Lo siento por él». Elton John no se tomó nada bien la sentencia, igual que no estaba de acuerdo con que su madre siguiera manteniendo la relación de amistad con John Reid, y exigió que rompiera cualquier tipo de vinculación con él, cortando su nexo de unión materno al negarse. Según Sheila: «Para mi asombro, me dijo que me odiaba. Y luego colgó el teléfono, ¡imagínate!, a mí… ¡Su madre!», y argumentaba su negación de una forma muy explícita: «John Reid tenía alrededor de 21 años cuando conoció a Elton y comenzaron una relación. De hecho fue él quien convenció a Elton de decirme que era gay. Cuando me lo dijo, lloré. Quería tener nietos». Las malas relaciones entre John y su madre duraron hasta 2017, año en que falleció.

El 1 de octubre se editó *Songs from the West Coast*, un disco en que se presentó un Elton John más austero en sonido, reduciendo la producción a la mínima expresión. La voz de John también ha cambiado y se presenta más profunda y severa. En conjunto es un retorno a los tiempos de *Tumbleweed Connection* y *Madman Across the Water*, un álbum impregnado de sonido americano que significó un paso gigantesco hacia adelante. El resto de la década fue un camino cargado de buenos datos para Elton John, que consolidó una carrera musical estable, basada en una extraordinaria reputación de músico sólido en los espectáculos en directo, consiguiendo que las numerosas y extensas giras se cerraran en todos los casos con éxitos espectaculares.

El año 2001 comenzó con una nueva gira junto a Billy Joel, los dos cantantes juntos por el Face To Face Tour 2001, que se desarrolló en 31 conciertos entre enero y mayo por Estados Unidos y Canadá, con un total de 531.000 entradas vendidas, el 99% de su aforo total. Al mismo tiempo e intercalando fechas realizó el Solo Tour con 14 noches por Europa hasta finales de julio, para luego embarcarse en el extenso Songs from the West Coast Tour con la banda al completo, que se prolongó desde octubre de 2001 a diciembre de 2002 con un total de 69 conciertos por Estados Unidos, Canadá, Europa y Asia, donde tocó por primera vez en Corea del Sur. La estupenda relación con Billy Joel se reafirmó con un nuevo Face To Face 2002 que se realizó en cortes del Songs from the West Coast Tour, en un total de 39 conciertos con *sold out*. Por si no fuera bastante se programó en abril de 2002 un mini *tour* de 8 conciertos por Australia llamado A Journey Through Time, donde Elton John y su banda agotaron todas la localidades en cuestión de días, siendo imposible ampliar fechas debido a lo concentrado de los conciertos durante este año, disparando la reventa que llegó a alcanzar precios de cerca de 400 dólares por entrada en Sídney y Melbourne. El año 2003 siguió la misma rutina, con un total de 100 conciertos, distribuidos en varias giras: 2003 World Tour, que visitó Madrid el 8 de julio en la Plaza de las Ventas, Face To face 2003 con Billy Joel, algunos sueltos como Solo Tour y más de una decena de conciertos benéficos.

Elton John no era la superestrella de los años setenta, pero su estatus le proporcionaba una situación privilegiada que por otro lado incidía en resultados positivos de terceros. El estreno del film *Moulin Rouge* en 2001, protagonizado por Nicole Kidman y Ewan McGregor, aupó al #5 de las listas británicas el tema «Your Song», interpretado por el propio McGregor y Alessandro Safina. En diciembre de 2002 alcanzaba el #1 en Inglaterra con una versión del tema «Sorry

Elton John y Billy Joel en 2003.

Seems to Be the Hardest Word», interpretada por el grupo vocal de chicos Blue junto con él tocando el piano. La recopilación *Greatest Hits 1970 - 2002* llegaba al #3 del Reino Unido y pasaría todo un año deambulando por las listas, mientras que el tema «Are You Ready for Love» del EP *The Thom Bell Sessions*, editado en 1979 se erigió como la sintonía del nuevo canal Sky TV en el Reino Unido.

En enero de 2004 cesa su actividad de conciertos, por el simple motivo de entrar a grabar su nuevo álbum de estudio, *Peachtree Road*, un disco de continuidad con *Songs from the West Coast*, pero producido íntegramente por el propio John. Se editó el 9 de noviembre de 2004 y aunque es un disco de gran calidad, no tuvo la aceptación esperada, frenando la inercia de los discos anteriores.

En febrero de ese 2004 Elton John firma una residencia en el The Colosseum at Caesars Palace de Las Vegas, por un total de 75 *shows* en tres años, pero debido a la multitudinaria demanda de entradas que colapsaron en numerosas ocasiones a la organización, se realizaron un total de 248 actuaciones en seis años, entre 2004 y 2009. La idea partió del fotógrafo David LaChapelle y el propio John, creando un *show* llamado The Red Piano donde un enorme piano de cola rojo presidía el centro del escenario y la banda al completo coronaba el mismo detrás de él. Todo ello acompañado de proyecciones de vídeos, fotos y *collages* creados por LaChapelle, desarrollando un recital marcado por los grandes éxitos de John y Taupin. El espectáculo lo vieron casi un millón de personas en los seis años, una cifra récord a la que se sumó la recaudación final de la residencia, con un total que rondaba los 170 millones de dólares. Todo ello con una tanda de 35 conciertos ajenos a The Red Piano, esparcidos entre abril y septiembre por Estados Unidos, Asia y Europa, donde tocó por primera vez en Gibraltar, el 10 de septiembre de 2004. El 2005 fue de nuevo un año de una intensidad de trabajo completamente saturada, un total de 124 conciertos divididos en la residencia de Las Vegas y el Peachtree Road Tour, que solo pisó Europa y Estados Unidos.

El 11 de mayo de 2005 se estrenó en el Victoria Palace Theatre de Londres *Billy Elliot El Musical*, obra basada en la película del mismo nombre de Stephen Daldry, con música de Elton John y letras de Lee Hall. La obra obtuvo un éxito sin precedentes que obligó a hacer una adaptación para Broadway y desde el día de su estreno no ha dejado de representarse. Desde 2005 se ha instalado en 28 ciudades del planeta y ha hecho dos giras por Estados Unidos y una por el Reino Unido.

La mejor noticia en la vida privada de Elton John fue el 18 de noviembre de 2005, cuando se aprobó la ley de unión civil para parejas homosexuales. No eran matrimonios, pero la unión civil concedía derechos y obligaciones similares, auspiciados por los ayuntamientos. La primera unión homosexual se celebró el 5 de diciembre entre Matthew Roche y Christopher Cramp en St. Barnabas Hospice, Worthing, West Sussex. La unión de estas dos personas se realizó con celeridad y sin respetar los plazos adecuados tras la aprobación de la ley porque Roche sufría una enfermedad terminal. Falleció al día siguiente. Elton John y David Furnish fueron de las primeras 678 parejas homosexuales que el 22 de diciembre formalizaron su unión civil en Windsor Guildhall, tras doce años de convivencia. La pareja tardaría ocho años en poder contraer matrimonio legalmente. La iglesia católica y cierta clase política conservadora hicieron campaña en contra de la unión civil, provocando que John hiciera unas declaraciones en prensa que causaron un auténtico revuelo: «Creo que la religión promueve el odio y el rencor contra los homosexuales. Desde mi opinión, se debería prohibir la religión». A la Casa Real británica no le parecieron adecuadas esas declaraciones y lo hicieron saber a través de su portavoz, sin embargo John Howard, presidente de Australia inició una campaña feroz en contra de la unión

Elton John y David Furnish.

de las parejas homosexuales utilizando como diana a Elton John, lo
que provocó comentarios sarcásticos y de muy mal gusto por parte
del músico hacia la presidencia australiana en noviembre de 2006,
durante el Captain and the Kid Tour.

Precisamente 2006 comenzó grabando el disco *The Captain
and the Kid*, que se editó en septiembre y significó una gran recuperación de Elton John tras el modesto recibimiento del anterior
Peachtree Road. Pero 2006 no trajo solo el nuevo álbum, también
nos proporcionó un fracaso rotundo de la pareja John/Taupin en el
campo del teatro musical. Ambos habían trabajado desde 2003 en
una adaptación teatral de las *Crónicas vampíricas* de Anne Rice llamada *Lestat*. La obra se estrenó en el Curran Theatre, San Francisco,
el 17 de diciembre de 2005, pero debido a su mala recepción, con
algunas de las representaciones casi vacías de público, se cerró el
29 de enero de 2006. Fue tan duro el descalabro que el álbum con
la música, que estaba listo para su publicación jamás se puso a la
venta, evitando lo que a todas luces hubiera sido un fiasco mayor.

Los próximos años siguieron en la rutina impuesta de giras mas-
todónticas: 2006 con 103 conciertos, 2007 con 103 y 2008 con 139
conciertos. Cabría destacar su participación el 2 de julio en el nuevo estadio de Wembley, en el Concierto para Diana, donde partici-

paron Rod Stewart, Duran Duran, Status Quo, Roger Hodgson, Tom Jones y Bryan Ferry entre otros. Elton John abrió el espectáculo con «Your Song» y lo cerró con «Saturday Night's Alright For Fighting», «Tiny Dancer», «Are You Ready For Love». El concierto se celebró bajo fuertes medidas de seguridad, debido a los atentados terroristas frustrados la misma semana en Inglaterra. Se retransmitió a 140 países y se calcula una audiencia de más de 500 millones de personas. En junio de 2008 se lanza el DVD que refleja las actuaciones de Las Vegas, con un *making off* y una entrevista extensa, llamado *The Red Piano*. En 2009 levanta un tanto el pie del acelerador para realizar las últimas 22 actuaciones de *The Red Piano* en Las Vegas, aunque deja claro que regresará pronto, como veremos en el siguiente capítulo. Una nueva edición del Face To Face 2009 junto a Billy Joel por Estados Unidos, en una cooperación que todavía tendría unos años de vida y realiza dos giras europeas diferentes, la primera en septiembre junto con Ray Cooper y la segunda con The Red Piano Europe Tour, que visitó Barcelona el 20 de octubre sin llenar el Palau Sant Jordi. Pero después de las cifras manejadas en esta década, ¿por qué 2009 tuvo tan solo 100 conciertos? El motivo es bien sencillo, entre noviembre de este año y marzo de 2010 Elton John cumpliría uno de sus mayores sueños, encerrarse en un estudio de grabación para registrar un álbum con uno de sus mayores ídolos, Leon Russell.

50 AÑOS DE CARRERA MUSICAL

Para Elton John poder grabar un álbum completo con Leon Russell era más que un privilegio. Desde jovencito lo había considerado su ídolo, la imagen a seguir y su mayor influencia en el piano, tanto como compositor como instrumentista. Uno de los momentos más importantes de su vida fue cuando se presentó en Estados Unidos y Russell era uno de los espectadores de sus famosas actuaciones en The Troubadour, en agosto de 1970. Elton recordaba ese momento en 2018 para un programa de TV americana con Elvis Costello: «Fue el momento más mágico porque aquí estaba mi ídolo aceptándome. En realidad, él podía comerme para el desayuno tocando el piano. Vine de Inglaterra y era un gran fan de alguien como él y para que me acepte y me tome bajo su ala y sea realmente fantástico. Me ayudó a validarme, si él cree que soy bueno, debo serlo porque él es mi héroe». John se quedó extrañado de que el propio Costello no supiera ver la importancia que tenía Russell en la música americana. John y Russell hicieron gran amistad en The Troubadour y dos meses más tarde Elton John teloneó a Leon Russell en cuatro *shows* en el Fillmore East de Nueva York, en los cuales Russell subía a tocar la guitarra con la banda al final de cada actuación. Russell, que había sido un gigante de la música americana, se encontraba casi defenestrado. El hombre que había sido el cerebro del *tour* de Cocker's Mad Dogs and Englishmen de Joe Cocker en 1970, que había trabajado con Bob Dylan, Ike & Tina Turner y The Rolling Stones entre otros; quien cuando se decidió a grabar su primer álbum en solitario contó en la banda con George Harrison, Bob Dylan y Eric Clapton como muestra de respeto y admiración. Con seis discos de oro, siete nominaciones a los Grammy y dos conseguidos, el primero de ellos como mejor álbum del año en 1972 por *The Concert For Bangladesh*, ahora estaba condenado al ostracismo devorador de la industria musical. Elton John quiso reivindicar al quien para él era uno de los mejores pianistas de rock que había tenido América y ese ímpetu se transformó en *The Union*, álbum de dos pianistas, sincero y extraordinario, bajo una excelente producción de T Bone Burnett, responsable de la banda sonora de *O Brother, Where Art Thou?*, del disco *Raising Sand* de Alison Krauss con Robert Plant y de los inicios de las carreras de Los Lobos o Counting Crows, así como de la revitalización de Gregg Allman y Roy Orbison.

Elton John y Leon Russell.

El 29 de enero John y Russell interpretaban una maravillosa versión de «Helpless» de Neil Young en la gala de los Grammy, presentando a millones de espectadores a una leyenda viva, que tenían escondida y olvidada. *The Union* se editó el 19 de octubre de 2010 y la prensa fue unánime al afirmar que era el mejor disco que habían editado los dos pianistas en décadas. El álbum se situó directamente en el #3 del Billboard y fue el disco mejor posicionado en el mercado yanqui de los dos músicos desde la década de los setenta. Fue nominado a los Grammy de ese año y Leon Russell fue incluido en el Rock and Roll Hall of Fame en 2011. En la ceremonia de introducción fue el propio Elton John quien le presentó con estas palabras que le dijo mientras grababan *The Union*: «Hay una cosa que quiero para ti. Quiero que la gente te reconozca por lo que has hecho, que te recuerde por lo que has escrito, con quien has tocado y que te sientas orgulloso de lo que has hecho. Y quiero que estés en el Salón de la Fama del Rock and Roll. Y aquí estamos un año más tarde, y él está en el Salón de la Fama del Rock and Roll». Leon Russell declaró: «Elton vino y me encontró en la zanja a un lado de la carretera de la vida y me llevó a las altas etapas y me trató como a un rey».

La pareja de pianistas realizó 30 conciertos de presentación de *The Union* en Estados Unidos y Londres, desde el 19 de octubre de 2010 al 2 de abril de 2011. Pero 2010 tuvo una actividad de conciertos frenética con 112 conciertos, como era habitual en toda la década. Dentro del *tour* europeo junto a Ray Cooper, visitó Madrid el 2 de octubre. El 17 de junio actuó en Tel Aviv, ignorando el boicot que numerosos artistas habían organizado contra Israel para protestar por la matanza de la Flotilla de la Libertad de Gaza. En mayo se había organizado una flota de embarcaciones que pretendían llevar ayuda humanitaria a Gaza, organizada por el Movimiento de Liberación de Gaza, la Fundación de los Derechos Humanos de Turquía y diferentes organizaciones de ayuda humanitaria. El 31 de mayo las fuerzas israelíes abordaron la flota por mar y por aire y asesinaron a nueve activistas pacíficos. Algunos de los artistas que tenían programadas actuaciones y las suspendieron apoyando el boicot fueron Elvis Costello, Pixies, Santana, Vanessa Paradis y Roger Waters. Fito Páez y Elton John se lo saltaron, en una de las incongruencias más desacertadas de toda su carrera.

Desde febrero de 2011 hasta septiembre de 2012 Elton John y su banda estuvieron recorriendo América, Europa, Asia y Australia con el The Greatest Hits Tour, una de las giras más rentables del principio de década con unos beneficios de 40 millones de dólares en casi 60 conciertos. La gira europea incluyó países de la Europa del Este como Eslovenia, donde actuó por primera vez. El 8 de noviembre en el Palacio de Deportes de Kiev se celebró un concierto junto con Queen + Adam Lambert, entregando todos los beneficios a Fundación Elena Pinchuk ANTIAIDS, cobrando las dos bandas la simbólica cantidad de un dólar por contrato.

En enero 2011 se estrenó Gnomeo & Juliet, película de animación de la factoría Disney, donde John es productor ejecutivo y autor de la banda sonora, con temas de su discografía y otros compuestos a dúo con James Newton Howard. En 2018 se publicó la secuela llamada Sherlock Gnomes, también con música de Elton John.

Elton John regresó a Las Vegas para crear otra residencia en el The Colosseum at Caesars Palace, llamada The Million Dollar Piano. Se inició el 28 de septiembre de 2011 y finalizó el 17 de mayo de 2018, con un total de 198 conciertos, que recaudaron más de 131 millones de dólares con una audiencia de casi 800.000 espectadores. En abril de 2014 se estrenó una película de los conciertos en cines y se puso a la venta doméstica el 1 de julio de ese mismo año.

En 2012 se publicó *Good Morning to the Night*, un álbum de viejas canciones de Elton John remezcladas por el dúo australiano de música de baile Pnau. Pero sobre todo fue el año del 40 aniversario del hit «Rocket Man» y Elton y su banda se lanzaron a una gira titánica de celebración llamada 40th Anniversary of the Rocket Man Tour, con 50 conciertos de más de dos horas de duración con una treintena de clásicos para interpretar. Comenzó el 10 de noviembre de 2012 en Perth, Australia, y finalizó el 12 de septiembre de 2013 en Londres. Al día siguiente de finalizar el *tour*, se publicó *The Diving Board*, el vigésimo noveno álbum de estudio y penúltimo a día de hoy. Para ese disco Elton John volvió a prescindir de la banda de directo y contó con numerosos músicos de estudio, repitiendo con T- Bone Burnett como productor. Tuvo un estupendo recibimiento, demostrando que John estaba gozando de una segunda época dorada.

En el verano de 2013 Elton John tuvo que suspender algunos de sus conciertos para someterse urgentemente a una operación en la cual le extirparon el apéndice. Volvió a aparecer encima de un escenario el 2 de septiembre para celebrar el primer Brits Icon Award, galardón creado para premiar anualmente a aquellas figuras británicas que hayan tenido un impacto importante y duradero en la cultura del Reino Unido. Geoff Taylor, representante de BPI y BRIT Awards, organizadores del evento, declaró al concedérselo: «Sir Elton ha alcanzado tal nivel de creatividad artística y originalidad, con reconocimiento de la crítica mundial y éxito popular que merecía ser reconocido como un verdadero icono de nuestra vida cultural».

El 8 de noviembre comenzaba The Diving Board Tour, con 237 conciertos por Norteamérica, Sudamérica, por primera vez en República Dominicana y Europa. Precisamente en la gira europea, volvió a saltarse un boicot internacional de artistas que se negaban a actuar en Rusia debido a las leyes rusas que discriminaban la homosexualidad, pero el 6 de diciembre de 2013 en Moscú arremetió contra los dirigentes y los denominó «inhumanos, quien crea leyes para aislar. Estoy profundamente conmocionado y triste por la legislación actual rusa que discrimina a las personas por cuestión de su sexualidad», provocando un auténtico terremoto en la administración rusa, con numerosas protestas y muestras de indignación hacia

The Million Dolar Piano

él, hasta tal punto que el propio presidente Vladimir Putin tuvo que afirmar en una entrevista televisiva pactada que: «Elton John es una persona extraordinaria, un músico distinguido y millones de personas lo aman sinceramente, independientemente de su orientación sexual». En septiembre de 2015 Putin invitó a Elton John a través de Associated Press, para mantener una reunión y hablar de las leyes y los derechos de las personas LGBT en Rusia. A día de hoy la discriminación del colectivo LGBT sigue siendo descomunal, enfermiza e inmoral.

En marzo de 2014 volvía a salir a la carretera para celebrar el 40 aniversario de *Goodbye Yellow Brick Road*, y lo hizo con 60 conciertos por Europa y Estados Unidos. Precisamente al finalizar el *tour*, contrajo matrimonio el 21 de diciembre en el Ayuntamiento de Windsor. En marzo de este año se produjo la legalización de los matrimonios homosexuales en Inglaterra, y la pareja esperó a finalizar los compromisos de actuaciones para legalizar su matrimonio, en una ceremonia a la que asistieron sus dos hijos, Zachary y Elijah, que nacieron por maternidad subrogada. En 2015 realizó un total de 94 conciertos contando las obligaciones de The Million Dolar Piano en Las Vegas, el All the Hits Tour que lo volvió a llevar por América Latina, Estados Unidos, Europa y Australia y el The Final Curtain Tour, con 6 fechas en grandes estadios de Norteamérica. Durante esta gira anunció su intención de bajar la cantidad de conciertos en el futuro, debido a que quería dedicarse más a sus dos hijos, ambos de cinco años. Ese anuncio no se puso en práctica porque en 2016 se embarcó en el Wonderful Crazy Night Tour, con 135 actuaciones, 90 en 2017 y 72 en 2018.

El 6 de julio de 2015 cumplió otro sueño, mostrando su gran colección de vinilos y CD en un programa de radio llamado Elton John's Rocket Hour, que se comenzó a emitir semanalmente en Beast 1 Radio, emisora musical de Apple Inc. que pueden escuchar los suscriptores de iTunes, pero también escucharlo a través de la página http://applemusic.tumblr.com/beats1. Actualmente lleva emitidos más de 150 capítulos, pero si deseas sintonizar alguno de ellos piensa que no es un podcast, y debes hacerlo cuando se emite (tres veces a la semana), los lunes a las 7 PM y a las 6 AM y los sábados a las 6 AM (horario británico).

El 5 de febrero de 2016 se puso a la venta el trigésimo álbum de estudio de Elton John, *Wonderful Crazy Night*, producido por T-Bonne Burnett y él mismo. Un disco grabado en Los Ángeles. El álbum fue compuesto y grabado en 17 días y recibió críticas muy positivas por parte de la crítica en general, consiguiendo el beneplácito del público con un #6 en el Reino Unido y #8 en Estados Unidos.

Pero 2016 no fue precisamente un gran año para Elton John. El 13 de septiembre fallecía a los 74 años de edad Leon Russell en su casa de Nashville. Tras la grabación del disco *The Union* se sometió a una cirugía de corazón, pero en julio de este año sufrió un infarto del que se estaba recuperando. Elton John perdió al hombre que lo había inspirado, a su héroe como él lo reconocía. Al conocer la muerte de The Hands Of Angels que era el seudónimo por el que se conocía a Russell, John escribió en sus redes sociales: «Mi querido Leon Russell falleció anoche. Fue un mentor, inspiración y muy amable conmigo. Gracias a Dios, nos alcanzamos e hicimos *The Union*. Recuperó su reputación y se sintió satisfecho. Lo amé y siempre lo haré». El 25 de diciembre de ese mismo año encontraban muerto en su casa a George Michael de 53 años de edad. Su muerte esconde demasiadas

Despidiéndose de Las Vegas

lagunas negras y debido a las dificultades de establecer la causa del deceso, su entierro se pospuso hasta el 29 de marzo de 2017. Elton John estaba en Las Vegas para cumplir sus últimos conciertos del año del The Million Dolar Piano. La actuación del 28 de diciembre se la dedicó a George Michael explicando a la audiencia: «Estoy profundamente conmocionado. He perdido a un amigo querido. El alma más amable y generosa y un artista brillante. Mi corazón está con su familia, amigos y todos los demás». Otros dos reveses acaecieron en 2016, el primero de ellos fue el referéndum celebrado el 23 de junio sobre la permanencia del Reino Unido en la Unión Europea, donde ganó la opción de separarse, más conocida como Brexit. Elton John había estado haciendo campaña durante todo el año a favor de quedarse en la UE, esgrimiendo que no eran tiempos de levantar muros y barreras sino de unirse y caminar juntos. Desde entonces ha sido una de las voces opositoras más radicales manteniendo una campaña activa en contra de la primera ministra Theresa May, a la que acusa de mentir a la población: «No creo que a la gente de Gran Bretaña se le haya dicho la verdad desde el principio. No creo que supieran exactamente qué estaban votando. Les prometieron algo que era completamente ridículo y no era económicamente viable. Y ahora todo es tan complicado que simplemente no sé lo que está pasando. Hay un nuevo cereal llamado Brexit. Te lo comes y vomitas después». El segundo revés fue judicial; Elton John consiguió que se prohibiera publicar los nombres de su marido y él en informaciones sobre escándalos e infidelidades sexuales de la pareja en Inglaterra y Gales. Pero finalmente la corte de apelación dictaminó que no era viable mantener la *injunction* (argot con el que se conoce la prohibición), porque se estaban publicando en periódicos de otros países.

El 10 de abril de 2017 finalizaba la parte sudamericana del Wonderful Crazy Night Tour; durante el vuelo a Londres John comenzó a encontrarse mal, hasta el punto de ser ingresado de urgencia nada más aterrizar. El 24 de abril su agencia de *management* ofrecía un comunicado en el que se anunciaba la suspensión de todos los conciertos de mayo. Elton John había pasado 11 días hospitalizado, algunos de ellos temiéndose por su vida debido a «una infección bacteriana extraña y potencialmente mortal» que no desvelaron. La mayor parte de mayo la tenía programada en otra tanda de conciertos en Las Vegas.

Ese mismo año se produjo la revisión de toda su carrera. Se cumplía medio siglo de la unión Bernie Taupin/Elton John, y para celebrarlo se lanzó *Diamonds* el 10 de noviembre, un trabajo recopilatorio que abarca toda su carrera y que en el Reino Unido vendió en un año más de 300.000 copias, mientras que en Estados Unidos superaba de largo el medio millón de discos. Dentro de esa misma revisión se lanzó el concurso The Cut, para encontrar jóvenes cineastas que pudieran crear vídeos para tres canciones de Elton John, «Tiny Dancer», «Rocket Man» y «Bennie And The Jets». La competición se puso en marcha en diciembre de 2016, presentándose más de 50 realizadores de numerosos países y disciplinas. En mayo de 2017 se presentaron los tres vídeos ganadores en el Festival de cine de Cannes y en YouTube que fueron los asociados de la pareja de compositores. Los ganadores fueron Max Weiland por «Tiny Dancer», Majid Adin por «Rocket Man» y Jack Whiteley y Laura Brownhill por «Bennie And The Jets».

El 7 de noviembre fallece Paul Buckmaster, colaborador arreglista de numerosos discos de Elton John, en concreto en ocho discos de estudio entre 1970 y 2001, y la banda sonora de *Friends*, donde aparece como compositor de cinco temas. Tras su desaparición Elton escribió: «Adiós Paul Buckmaster. Me deja el corazón roto. Me ayudó a crear el artista que soy hoy en día. Un arreglista revolucionario que tomó mis canciones e hizo que se dispararan. Irreemplazable». El 4 de diciembre fallecía su madre, Sheila Farebrother, con la que Elton había tenido una reconciliación el pasado mes de mayo, tras ocho años de disputas por el despido de John Reid y su asistente personal Bob Halley. En su testamento Sheila dejó la mitad de su fortuna a Halley, mientras que a su hijo solo dos objetos decorativos y unas cuantas fotos juntos. John le escribió un mensaje a su madre tras la ceremonia de inhumación: «Querida mamá, el funeral de hoy fue perfecto. Tener el servicio en la capilla de la familia y la asistencia

de tus hermanos nos brindó toda la comodidad. Tener el servicio en el que Nan vivió sus últimos días os trajo a ti y a tu madre nuevamente juntas. Mañana tus amigos se reunirán por separado para despedirse. He elegido toda la música para que todo salga bien. Gracias por traerme al mundo y por todo lo que has hecho por mí. Amor, Elton #RIP». El 24 de enero de 2018 Elton John anunció que se retiraba definitivamente de la música en directo, al mismo tiempo que anunciaba una gira de despedida llamada Farewell Yellow Brick Road Tour, con más de 300 conciertos durante tres años. El *tour* comenzó el 8 de septiembre de 2018 en el PPL Center en Allentown de Pensilvania y finalizará en el año 2020.

Ya se ha anunciado que de esta gira saldrá un disco en directo, y no se descarta la posibilidad de otro álbum en estudio. De momento tenemos unas cifras de infarto: 30 discos de estudio, 4 directos oficiales, 16 recopilaciones, 3 EP, 7 bandas sonoras, 2 discos de colaboraciones, más de 300 millones de discos vendidos y más de 3.000 conciertos desde 1969. 50 años de carrera musical extraordinarios que se pueden cerrar en esta última etapa con la edición en mayo de 2019 de la película *Rocketman*... pero de eso, ya hablamos en otro apartado del libro.

DISCOGRAFÍA

DISCOGRAFÍA OFICIAL

EMPTY SKY (1969)
DJM (Reino Unido)
MCA (EE. UU.)

■ **TEMAS**

1. «Empty Sky»
2. «Val-Hala»
3. «Western Ford Gateway»
4. «Hymn 2000»
5. «Lady What's Tomorrow»
6. «Sails»
7. «The Scaffold»
8. «Skyline Pigeon»
9. «Gulliver/Hay Chewed/Reprise»
10. «Lady Samantha»
11. «All Across the Havens»
12. «It's Me That You Need»
13. «Just Like Strange Rain»

Reediciones de 1995 (Mercury Records) y 1996 (Rocket Records) con temas extra. Todas las canciones escritas por Elton John y Bernie Taupin.

Como curiosidad, en 1975 se reeditó en Estados Unidos con una errata en el tema 2, indicado como «Valhalla», mientras que en la reedición de 1995 el tema que cerraba el álbum original aparece como «It's Hay-Chewed». Se trata del álbum debut de Elton John, grabado en los Dick James Music Studios de Londres, en dos tandas separadas, durante diciembre de 1968 y abril de 1969. El disco se registró en una mesa modesta de ocho pistas y se realizaron dos grabaciones, una en estéreo y otra en mono, editándose las dos versiones en el Reino Unido, siendo la primera muy testimonial y pieza de coleccionista. Los escasos medios económicos de que disponían para la grabación obligaron a asumir una serie de circunstancias que influyeron sobremanera en el resultado final. Primero de todo Elton John tuvo que echar mano de amigos y conocidos para configurar la banda de grabación. De la Spencer Davis Group se trajo al batería Nigel Olsson y al bajista Tony Murray de los incipientes The Troggs, para algunas tomas, mientras que el productor Steve Brown, aportó al guitarrista Caleb Quaye y otro batería, Roger Pope, ambos de la banda local Hookfoot. La banda se cerró con Don Fay al saxofón y la flauta, mientras que las armónicas que suenan las puso Graham Vickery. Todo esto representó una banda que no estaba cohesionada, pero que poco a poco se fue entrelazando y adquiriendo personalidad, hasta tal punto que algunos pasaron a ser acólitos del músico en el futuro. El resultado es un disco desmembrado en muchos estilos, que no acaba de encajar en ninguna línea definida y que denota una falta de personalidad artística, que el mismo Elton John ha manifestado en muchas ocasiones. Pop lánguido con ciertas dosis de progresismo despistado, que en algunos temas suena incluso a unos primerizos Jethro Tull; algunas bases muy disimuladas de rhythm & blues y frecuentes entradas en un folk muy cabaretero. Sorprende el uso por parte de Elton del clavecín, un instrumento de cuerdas y teclas, antesala al piano moderno, muy popular en el barroco y que posee un sonido frío y agudo, sin intensidad de ataque y contraste sonoro. Si bien es cierto que en algunos temas chirría el instrumento, en otro le ofrece los pocos rasgos de identidad definitoria del disco. Tan solo dos temas destacan de todo el *set list*, «Skyline Pigeon» como pieza pop que marca el camino a seguir en un futuro inmediato y los más de ocho minutos de

«Empty Sky», que sin ningún tipo de pudor explora una nebulosa sónica muy atractiva. El disco sin embargo demuestra que la unión de Elton John y Bernie Taupin es consistente y augura mejores vibraciones en el camino.

ELTON JOHN (1970)
DJM Records (Reino Unido)
UNI Records (EE. UU.)

■ **TEMAS**
1   «Your Song»
2. «I Need You to Turn To»
3. «Take Me to the Pilot»
4. «No Shoe Strings on Louise»
5. «First Episode at Hienton»
6. «Sixty Years On»
7. «Border Song»
8. «The Greatest Discovery»
9. «The Cage»
10. «The King Must Die»

■ Reedición de Mercury Records (1995) y Rocket Records (1996) con temas extra.

11. «Bad Side of the Moon»
12. «Grey Seal» (Original version)
13. «Rock and Roll Madonna»

- **Mercury Records editó en 2008 una versión Deluxe con los siguientes temas extra. Todos los temas son demos a piano, salvo los indicados.**

1. **«Your Song»**
2. **«I Need You to Turn To»**
3. **«Take Me to the Pilot»**
4. **«No Shoe Strings on Louise»**
5. **«Sixty Years On»**
6. **«The Greatest Discovery»**
7. **«The Cage»**
8. **«The King Must Die»**
9. **«Rock and Roll Madonna»**
10. **«Thank You Mama»**
11. **«All the Way Down to El Paso»**
12. **«I'm Going Home»**
13. **«Grey Seal»**
14. **«Rock And Roll Madonna»** (Alternate take)
15. **«Bad Side of the Moon»**
16. **«Grey Seal»** (Original version)
17. **«Rock and Roll Madonna»**
18. **«Border Song»** (BBC session)
19. **«Your Song»** (BBC session)
20. **«Take Me to the Pilot»** (BBC session)

Todas las canciones escritas por Elton John y Bernie Taupin.

Segundo álbum en estudio de Elton John y primero editado en Estados Unidos, ya que su anterior disco *Empty Sky* no se editó en el mercado americano hasta 1975. Por este motivo es considerado erróneamente como su primer trabajo en el mercado yanqui. Con este disco se cierra el círculo que llevaría a Elton John al estrellato, al dúo formado por él y Bernie Taupin, se une el productor Gus Dudgeon, quien había crecido en los estudios de Decca a la sombra de otros productores como Mike Vernon, con quien trabajó de ingeniero de sonido del fabuloso álbum de John Mayall *Blues Breakers With Eric Capton*. Dudgeon había dirigido el debut de Ten Years After y los singles «Space Oddity» y «The Laughing Gnome» de David Bowie. El primer tema donde trabajaron juntos fue el que abrió el disco, «Your Song», donde Dudgeon creó la sencilla melodía de piano y encargó a Paul Buckmaster una orquestación para arroparla musicalmente. Este tema alcanzó el TOP 10 en Estados Unidos y fue el primer gran éxito de Elton John. El álbum fue grabado en los Trident Studios, propiedad de los hermanos Sheffield, que ya habían grabado con Manfred Mann y sobre todo algunos de los temas del *White Album* de The Beatles. En esta ocasión la grabación no fue tan precaria como en el anterior disco y se realizó entre noviembre de 1969 y enero de 1970. El despliegue de medios abarca 25 músicos arropando a Elton John, entre los que se incluye Paul Buckmaster como violonchelista, arreglos orquestales y director de orquesta. En conjunto es un álbum mejor elaborado que *Empty Sky*, pero sigue sumergido en la dispersión de género, sin encontrar el camino definitivo. La calidad de los temas es indiscutible, pero la orquestación en la mayoría de las ocasiones termina por devorar la magia del disco. De hecho en la reedición de 2008 Deluxe Version, se puede escuchar todos los temas en su inicio de voz y piano y es mucho más gratificante. Los arreglos nos presentan un disco un tanto oscuro que no llega a ser representativo de lo que fue su carrera en el resto de la década. Sin embargo está considerado el primer gran disco de Elton John. En 2002, semanas antes del accidente de tráfico donde falleció con su esposa, Gus Dudgeon explicó a la revista *MIX*: «Ese álbum no fue realmente hecho para lanzar a Elton como artista. Realmente fue concebido como una serie de demos con mucho glamur para que otros artistas grabaran sus canciones». De esta forma se puede entender la dispersión de estilos y de registros de Elton John a la hora de interpretar algunos temas. «No Shoe Strings on Louise» parece escrita para The Rolling Stones y la voz recuerda a un jovencito Mick Jagger. «Sixty Years On» recuerda a un Bowie interestelar, con una belleza insultante que se transforma en uno de los mejores temas del disco. «The Cage» está pensada especialmente para Leon Russell, uno de los ídolos de Elton John, así como hay otros temas más cercanos a James Taylor, Van Morrison e incluso Jerry Lee Lewis. *Elton John* consiguió certificarse como Disco de Oro con 500.000 copias vendidas en Estados Unidos, donde alcanzó el #4 de las listas, igual que en Australia y Canadá. En el Reino Unido llegó hasta #5, mientras que la mejor posición europea fue en Holanda, posicionándose en el #2. Un año más tarde, *Elton John* fue nominado en dos categorías de los Grammy, como Mejor Álbum del Año, y Mejor Interpretación Masculina de Pop. De *Elton John* se extrajeron dos singles: «Border Song» en abril de 1970 y «Your Song»/«Take Me to the Pilot» en octubre de 1970.

TUMBLEWEED CONNECTION (1970)

DJM Records (Reino Unido)
UNI Records (EE. UU.)

■ **TEMAS**

1. «Ballad of a Well-Known Gun»
2. «Come Down in Time»
3. «Country Comfort»
4. «Son of Your Father»
5. «My Father's Gun»
6. «Where to Now St. Peter?»
7. «Love Song»   Lesley Duncan
8. «Amoreena»
9. «Talking Old Soldiers»
10. «Burn Down the Mission»

■ Reedición de Rocket Records (1995) y Mercury Records (2001) con temas extra.

11. «Into the Old Man's Shoes»
12. «Madman Across the Water»

■ Mercury Records editó en 2008 una versión Deluxe con los siguientes temas extra.

13. «There Goes a Well Known Gun» (Alternate take)
14. «Come Down in Time» (Piano demo)
15. «Country Comfort» (Piano demo)
16. «Son of Your Father» (Piano demo)
17. «Talking Old Soldiers» (Piano demo)
18. «Into the Old Man's Shoes» (Piano demo)
19. «Sisters of the Cross» (1970 demo)
20. «Madman Across the Water» (Con Mick Ronson como guitarrista)
21. «Into the Old Man's Shoes»

22. **«My Father's Gun»** (BBC session)
23. **«Ballad of a Well-Known Gun»** (BBC session)
23. **«Burn Down the Mission»** (BBC session)
24. **«Amoreena"** (BBC session)

Todas las canciones escritas por Elton John y Bernie Taupin, salvo las indicadas.

Tercer álbum de estudio de Elton John, grabado de nuevo en los Trident Studios de Londres, tan solo dos meses después de la finalización de la grabación del anterior *Elton John*, lo que reafirma la teoría de que su segundo disco solo pretendía conseguir artistas que interpretaran los temas de John y Taupin. Algunas de las canciones fueron grabadas durante las sesiones de grabación de *Elton John*, concretamente «Come Down in Time», «Country Comfort» y «Burn Down the Mission», alejándose de las composiciones grandilocuentes del segundo álbum y preparando el concepto de disco que aguardaba para esta ocasión. Al mismo tiempo en esas sesiones tempraneras se incorporó la guitarra de Mick Ronson en «Madman Across the Water», guitarrista de Bowie y sus Spiders from Mars, aunque terminó por no incluirse en *Tumbleweed Connection*, hasta la reedición de 2008. Repite Gus Dudgeon como productor y Paul Buckmaster como arreglista y director de orquesta, aunque en esta ocasión la producción escapa de la grandilocuencia de la orquesta del anterior trabajo y busca sonoridades más cercanas a ambientes cinematográficos. No obstante se acumulan un total de 28 músicos en toda la grabación (sin incluir a Mick Ronson). *Tumbleweed Connection* es un álbum conceptual marcado por las historias del viejo *western* americano, las películas de John Ford, por el segundo álbum de The Band y los primeros de Credeence Clearwater Revival. Folk americano, grandes dosis de country, bases escondidas de blues y algo de rock'n'roll, para confeccionar un disco que sorprendió por el cambio de rumbo tan drástico. Incluso el concepto de la portada intentaba buscar la imagen de la América sureña y profunda, con una foto de Elton John en una vieja estación de ferrocarril, que sin embargo es británica hasta la médula. La foto fue tomada por David Larkham, encargado de las portadas de los discos de Elton John, en la estación de Horsted Keynes, en el condado de Sussex, a pocos kilómetros de Londres. Una estación conservada desde finales del siglo xix y ambientada en el *western* americano. Historias de atracos, forajidos, relatos de amor enmarcados en tiempos de la conquista de las tierras del oeste o incluso previas a la Guerra de Secesión, para un trabajo que no recibió buenas críticas pero que obtuvo un gran éxito de ventas y hoy en día está considerado un clásico del músico. El álbum se editó el 30 de octubre de 1970, tres semanas después de que su segundo disco, *Elton John*, se publicara en Estados Unidos y el tema «Your Song» comenzara a sonar en las estaciones de radio, provocando una curiosa paradoja. Mientras que el público comenzaba a entusiasmarse por un Elton John más asequible y comercial de balada pop, el artista buscaba caminos más arriesgados y mucho más americanos. Curiosamente, ese mismo año pero con unos meses de anterioridad, Rod Stewart editó su segundo disco en solitario *Gasoline Alley*, donde incluía una estupenda versión de uno de los temas de este disco, compuesta por Elton John y Bernie Taupin, «Country Comfort». Sin ninguna canción que sobresaliera del resto, el álbum alcanzó el #2 en las listas del Reino Unido y el #5 del Billboard Americano. En Estados Unidos consiguió el Disco de Oro en marzo de 1971, tan solo cinco meses después de editarse, coronando con el Disco de Platino en agosto de 1998, tras el impulso de la reedición de Rocket Records. Solo se editó el single «Country Comfort» en Nueva Zelanda. El 19 de octubre de 2007, se estrenó *Tumbleweed Connection* (The Musical), en el Centro Clark de Artes Escénicas en Arroyo Grande, California. Basado en las canciones de John/Taupin de este disco, con el texto dramático de Christopher Kann y la coreografía de Suzy Miller.

MADMAN ACROSS THE WATER (1971)

DJM Records (Reino Unido)
UNI Records (EE. UU.)

■ TEMAS
1. «Tiny Dancer»
2. «Levon»
3. «Razor Face»
4. «Madman Across the Water»
5. «Indian Sunset»
6. «Holiday Inn»
7. «Rotten Peaches»
8. «All the Nasties»
9. «Goodbye»

Todas las canciones compuestas por Elton John y Bernie Taupin.

Se trata del cuarto álbum en estudio de Elton John, pero si mira-
mos con perspectiva es el sexto álbum que se publicó en menos de
29 meses, lo que significa una dinámica agotadora, tanto física como
mentalmente. Entre su anterior álbum de estudio, *Tumbleweed Connection* y este *Madman Across The Water*, debemos contar la banda
sonora del film *Friends* y el directo *17-11-70*, grabado durante la gira
de 1970 en la ciudad de Nueva York en la fecha que pone nombre al
trabajo. Con una actividad tan frenética, este disco se grabó en tan
solo cuatro sesiones extenuantes, el 27 de febrero y los días 9, 11 y
14 de agosto, en los Trident Studios y con Gus Dudgeon como productor y con Paul Buckmaster como arreglista y director de orquesta. En esta ocasión regresan a la grandilocuencia del segundo disco
Elton John y llegan a contar con la participación de una treintena de
músicos, entre los que destaca la presencia de Rick Wakeman en tres

temas. Al mismo tiempo trabaja con un coro completo de iglesia en dos temas, sobrepasando el medio centenar de músicos y cantantes implicados. El tema «All the Nasties», en el que entra el coro de forma espectacular, es la antesala de lo que sería durante años la banda de Elton John, formando el apoyo rítmico solo por Dee Murray al bajo y Nigel Olsson a la batería, con la colaboración de Ray Cooper a la percusión. El álbum adopta el nombre de un tema grabado en las sesiones de su segundo trabajo *Elton John*, pero que se incluyó en la versión de Mercury Records de 2008, con la guitarra de Mick Ronson como protagonista, siendo en esta nueva grabación Davey Johnstone (quien también se uniría a la banda de Elton John) y Chris Spedding, los encargados de las seis cuerdas en el tema. El disco se editó el 5 de noviembre de 1971, al año de haberse publicado el anterior trabajo de estudio *Tumbleweed Connection* y a siete meses del directo *17-11-70*. El disco obtuvo críticas muy dispares, algunas de ellas muy negativas, acusando a Bernie Taupin de ensombrecer la carrera de Elton John con letras muy flojas y absurdas, que jamás alcanzaban la calidad de la música compuesta para las mismas. El disco entró en el #41 de las listas del Reino Unido, siendo el trabajo peor aceptado de toda su carrera. Sin embargo, poco a poco, se fue convirtiendo en un disco de culto y todo un clásico, certificando en 2017 el Disco de Plata por la industria fonográfica británica, por 60.000 copias vendidas, muy por debajo de sus cifras habituales. En Estados Unidos funcionó mejor *Madman Across The Water*, alcanzando el #8 del Billboard. Se certificó Disco de Oro en febrero de 1972 y pasó a ser Disco Platino en 1993, con un millón de copias vendidas, cifra que duplicó en 1998 posicionándose como Disco Multi Platino. Se trata del primer álbum que no contó con temas extra en las sucesivas reediciones, pero sí que entró en el mercado español, alcanzando el #11 de la lista de álbumes más vendidos. Se editaron dos singles: «Levon», el 29 de noviembre de 1971 y «Tiny Dancer», el 7 de febrero de 1972.

HONKY CHÂTEAU (1972)
DJM (Reino Unido)
UNI (EE. UU.)

■ **TEMAS**
1. «Honky Cat»
2. «Mellow»
3. «I Think I'm Going to Kill Myself»
4. «Susie (Dramas)»
5. «Rocket Man (I Think It's Going to Be a Long, Long Time)»
6. «Salvation»
7. «Slave»
8. «Amy»
9. «Mona Lisas and Mad Hatters»
10. «Hercules»

■ Reediciones de Mercury Records en 1995 y Rocket Records en 1996, con temas extra.

11. «Slave» (Alternate take)

Todas las canciones compuestas por Elton John y Bernie Taupin.

Quinto álbum en estudio de Elton John, que significó varios cambios muy importantes en su carrera. Tan solo dos meses después de la publicación de *Madman Across The Water*, el músico vuelve a entrar en estudio para registrar este disco. En enero de 1972 se encerró en el Château d'Hérouville, un castillo del siglo XVIII situado en el Val d'Oise, cerca de París y propiedad del compositor de bandas sonoras Michel Magne, quien construyó un estudio de grabación tras un incendio que destruyó parcialmente un ala del castillo. En Château d'Hérouville no había grabado nadie de renombre en el mundo del rock o el pop internacional, tan solo la anécdota de Grateful Dead, quien suspendió un

concierto en los alrededores por una fuerte tormenta y se vieron obli-
gados a hospedarse varios días en Château d'Hérouville. Aprovechando
que tenían su equipo y el estudio de grabación, dieron un concierto
para vecinos y trabajadores de las cercanías, el 21 de junio de 1971. Una
actuación que se puede ver íntegra en la red (https://youtu.be/KWbz-
mRBU6Lg). Elton John fue de esta forma, la primera estrella que grabó
en ese castillo donde había vivido Frédéric Chopin. El disco se mezcló
en los Trident Studios. Segundo cambio importante de *Honky Château*
es la consolidación de la banda que acompañaba a Elton John de gira,
como grupo esencial de grabación. Compuesta por Davey Johnstone a
las guitarras, banjo, mandolina y coros, Dee Murray al bajo y coros, más
Nigel Olsson en la batería, percusión y coros, le dieron una seguridad
a Elton John muy significativa en el trascurso de los siguientes años.
Tercer punto destacado es la inclusión del productor habitual de Elton
John, Gus Dudgeon, pero la desaparición de Paul Buckmaster y sus
arreglos orquestales. Con él desapareció la sobrecarga de sonido que
en ocasiones ahogaba el resultado final. En esta ocasión se incorporan
doce músicos de sesión solamente, algunos vientos para «Honky Cat»,
coros adicionales para «Salvation» y algún violín y percusiones salpican-
do el álbum. Al mismo tiempo, los músicos de la banda consiguieron
respaldar a la voz principal con un juego de voces que se transformó en
signo de identidad de su música, afianzando el formato de trío musical
que arropa en todo momento al piano y la voz principal; en «Rocket
Man (I Think It's Going to Be a Long, Long Time)» se puede apreciar per-
fectamente. La aceptación de la crítica fue fantástica y vino acompañada por un éxito de ventas sin precedentes en su carrera. En Estados
Unidos consiguió alcanzar el #1 de las listas del Billboard a las tres semanas de publicarse, desbancando de esa posición a The Rolling Stones,
que dominaban con el maravilloso *Exile on Main St.*, pero además fue el
primero de siete discos continuados alcanzando la primera posición en
el mercado americano, abriendo la edad de oro de Elton John durante
la década de los setenta. *Honky Château* fue certificado Disco de Oro al
mes de publicarse en Estados Unidos y Multi Platino en 1995. Además
fue el último disco publicado en Canadá y los EE. UU. por el sello UNI,
antes de fichar por MCA. El álbum consiguió el #2 en el Reino Unido,
pero repitió coronación de ventas con el #1 en nuestro país. Se lanzaron
dos singles de *Honky Château*: «Rocket Man (I Think It's Going to Be a
Long, Long Time)» el 17 abril de 1972, «Honky Cat» el 31 julio de 1972.

DON'T SHOOT ME, I'M ONLY THE PIANO PLAYER (1973)

DJM (Reino Unido)
MCA (EE. UU.)

■ **TEMAS**

1. «Daniel»
2. «Teacher I Need You»
3. «Elderberry Wine»
4. «Blues For My Baby and Me»
5. «Midnight Creeper»
6. «Have Mercy on the Criminal»
7. «I'm Gonna Be a Teenage Idol»
8. «Texan Love Song»
9. «Crocodile Rock»
10. «High Flying Bird»

■ Reediciones de Mercury Records en 1995 y Rocket Records en 1996 con temas extra.

11. «Screw You (Young Man's Blues)»
12. «Jack Rabbit»
13. «Whenever You're Ready (We'll Go Steady Again)»
14. «Skyline Pigeon» (Piano version)

Todas las canciones compuestas por Elton John y Bernie Taupin.

Sexto álbum de estudio de Elton John, primero para el sello americano MCA Records. Tan solo seis meses después de lanzar el exitoso *Honky Château*, durante el mes de junio de 1972, Elton John se encierra de nuevo en los estudios de Château d'Hérouville en Francia, con su banda consolidada por completo, Davey Johnstone (guitarras), Dee Murray (bajo) y Nigel Olsson (batería). Repite como productor Gus Dudgeon, que se ha vuelto imprescindible para el sonido de Elton John, al transportarlo de la grandilocuencia de los primeros trabajos a una sencillez de producción específica que denota brillo y alegría, en lugar de complejidad y oscuridad. Tan solo dos temas recuerdan en algo a *Empty Sky* o *Elton John*, precisamente en los que colabora Paul Buckmaster, que vuelve a ejercer de arreglista orquestal en «Blues For My Baby and Me» y «Have Mercy on the Criminal», recargando con una sección de cuerda y vientos, que en el caso de la segunda, la transforma en una pequeña joya, de un dramatismo y belleza indudables. El disco se mezcló de nuevo en los Trident Studios de Londres, en las fechas en que Queen grababa su primer álbum, obligando a los de Freddie Mercury a mover sus sesiones a altas horas de la madrugada. *Don't Shoot Me I'm Only the Piano Player* se editó el 26 de enero de 1973, consiguiendo por segunda vez consecutiva ser #1 en los Estados Unidos y su primera ocasión en el Reino Unido. Al mismo tiempo el álbum consiguió el #1 en España, Italia, Noruega, Canadá y Australia. En Estados Unidos vendió más de cuatro millones de discos alcanzando el Disco de Platino en tres ocasiones. El single «Crocodile Rock» alcanzó el #1 en Estados Unidos y Canadá, empujando las ventas del disco de forma espectacular. La razón del título del álbum, tiene diferentes explicaciones. Se dice que una noche que compartía fiesta con Groucho Marx, abrumado por las bromas que le gastaba, levantó las manos y dijo: «No me dispares, yo solo soy el pianista». Otra versión apunta a que se trata de un homenaje a la película de 1960, *Shoot The Piano Player* (*Disparen al pianista*), dirigida por François Truffaut. Sin embargo, es cierto que en la portada del álbum, donde una pareja de jóvenes compra la entrada de un cine, hay un póster del film *Los Hermanos Marx en el Oeste*. De *Don't Shoot Me I'm Only the Piano Player* se extrajeron dos singles: «Crocodile Rock»/«Elderberry Wine», el 27 de octubre de 1972 y «Daniel» el 26 de marzo de 1973.

GOODBYE YELLOW BRICK ROAD (1973)

DJM (Reino Unido)
MCA (EE. UU.)

■ TEMAS

1. «Funeral for a Friend/Love Lies Bleeding»
2. «Candle in the Wind»
3. «Bennie and the Jets»
4. «Goodbye Yellow Brick Road»
5. «This Song Has No Title»
6. «Grey Seal»
7. «Jamaica Jerk-Off»
8. «I've Seen That Movie Too»
9. «Sweet Painted Lady»
10. «The Ballad of Danny Bailey (1909–34)»
11. «Dirty Little Girl»
12. «All the Girls Love Alice»
13. «Your Sister Can't Twist (But She Can Rock 'n Roll)»
14. «Saturday Night's Alright for Fighting»
15. «Roy Rogers»
16. «Social Disease»
17. «Harmony»

■ Versión 30th Anniversary Deluxe Edition de Mercury Records en 2003 con temas extra.

18. «Whenever You're Ready (We'll Go Steady Again)»
19. «Jack Rabbit»
20. «Screw You (Young Man's Blues)»
21. «Candle in the Wind» (remix by Greg Penny)

- Versión 40th Anniversary Deluxe Edition de Mercury Records en 2014 con temas extra.
- DISCO 2 Goodbye Yellow Brick Road: Revisited & Beyond
1. «Candle in the Wind» Interpretado por Ed Sheeran
2. «Bennie and the Jets» Interpretado por Miguel & Wale
3. «Goodbye Yellow Brick Road» Interpretado por Hunter Hayes
4. «Grey Seal» Interpretado por The Band Perry
5. «Sweet Painted Lady» Interpretado por John Grant
6. «All the Girls Love Alice» Interpretado por Emeli Sandé
7. «Your Sister Can't Twist (But She Can Rock 'n Roll)» Interpretado por Imelda May
8. «Saturday Night's Alright for Fighting» Interpretado por Fall Out Boy
9. «Harmony» Interpretado por Zac Brown Band
- DISCO 3 Live at Hammersmith Odeon 1973
1. «Candle in the Wind»
2. «Goodbye Yellow Brick Road»
3. «All the Girls Love Alice»
4. «Bennie and the Jets»
5. «Rocket Man»
6. «Daniel»
7. «Honky Cat»
8. «Crocodile Rock»
9. «Your Song»
- El mismo año se editó una versión extendida llamada *40th Anniversary Super Deluxe Edition*, incluyendo nueve temas extras del Live at Hammersmith Odeon 1973. También incluía un DVD *Elton John & Bernie Taupin Say Goodbye to Norma Jean and Other Things.*

1. «Funeral for a Friend/Love Lies Bleeding»
2. «Hercules»
3. «This Song Has No Title»
4. «The Ballad of Danny Bailey (1909–34)»
5. «Elderberry Wine»
6. «Rudolph the Red-Nosed Reindeer»
7. «I've Seen That Movie Too»
8. «All the Girls Love Alice»
9. «Saturday Night's Alright for Fighting»

Todas las canciones compuestas por Elton John y Bernie Taupin, salvo el instrumental «Funeral for a Friend» compuesta por Elton John y «Rudolph the Red-Nosed Reindeer» compuesta por Johnny Marks.

Séptimo álbum de estudio de Elton John, considerado por muchos como el mejor trabajo de su carrera. Se comenzó el trabajo de producción en Jamaica, en los Estudios Dynamic Sound, de Kingston, debido a una recomendación de The Rolling Stones que acababan de grabar su álbum *Goats Head Soup*. De hecho se llegó a grabar una primeriza versión de «Saturday Night's Alright for Fighting», que desapareció y nunca más se ha rescatado para ninguna recopilación ni reedición del trabajo. El 22 de enero de 1973 se celebró en Kingston el combate de boxeo por el título de Campeón del Mundo de los pesos pesados entre el campeón Joe Frazier y el aspirante George Foreman. Un acontecimiento que se vivió con extrema violencia entre los seguidores de uno y otro púgil, acrecentado por la derrota del campeón en el sexto asalto, trasladando el combate a la calle, que en ocasiones se desarrolló como una auténtica batalla campal. A esta situación, se le debe sumar disturbios provocados por la crisis de los carburantes y el alto precio de los mismos en Jamaica, desembocando en una serie de protestas sociales importantes. Ante este panorama, la caravana de Elton John se trasladó de nuevo a Francia para repetir en los estudios Château d'Hérouville, donde se grabó durante el mes de mayo, dos meses después de lo previsto. El disco se mezcló en el Trident Studios de Londres, pero en esta ocasión se regrabaron algunas pistas que no acababan de convencer a Elton John y Gus Dudgeon, que repetía de productor. Debido al retraso de la grabación y a la incontinencia creadora de Bernie Taupin, se compusieron 22 temas para este disco, lo que significó un contingente de material suficiente como para hacer dos discos dobles. Aunque no estaba previsto, se optó por la edición de un álbum doble que incluía 17 temas. Uno de los temas, «Funeral for a Friend/Love Lies Bleeding», estaba concebido como dos temas por separado que finalizaron unidos y abriendo el trabajo. *Goodbye Yellow Brick Road* se editó el 5 de octubre, entrando directamente al #1 de las listas del Billboard y con una reacción de ventas calcada en el Reino Unido. Se calcula que se han vendido más de 32 millones de copias del álbum en todo el planeta. Se certificó Disco de Oro en Estados Unidos a las dos semanas de publicarse, veinte años más tarde, en 1993, había conseguido cinco Discos de Platino y en 2014 se certificaron ocho Discos de Platino. *Goodbye Yellow Brick Road* fue #1, además del Reino Unido y EE. UU., en Canadá y Australia, llegando a vender 350.000 copias en este segundo país. Aunque está considerado como su mejor trabajo, recibió críticas adversas tras su edición, por no ser totalmente consecuente, presentando temas que son de la mejor cosecha del dúo John/Taupin, pero otros que son de auténtico relleno y probablemente innecesarios. Continúa la obsesión por el séptimo arte de Elton John, incluyendo en el título un homenaje a *El Mago de Oz* y el camino de baldosas amarillas que debe seguir Dorita para encontrar el camino de regreso a casa. En el interior encontramos homenajes a Marilyn Monroe en «Candle in the Wind», o el velado tributo a *American Graffiti* de «Saturday Night's Alright for Fighting». Destaca en el trabajo la importancia que gana el guitarrista Davey Johnstone, que alcanza cuotas de genialidad en varias ocasiones y profundiza más la diferencia entre los temas orquestados y cargados de arreglos y los enmarcados en el pop rock, más accesibles y con más brillantez. El punto negativo, además de la aportación de temas vacíos, son algunas de las letras de Taupin, que en un total de cinco canciones realiza una declaración de principios misógina en toda regla y que muy probablemente le hubiera aportado problemas en la actualidad. Del disco se extrajeron cuatro singles: «Saturday Night's Alright for Fighting»/«Jack Rabbit», el 16 de julio de 1973, «Goodbye Yellow Brick Road»/«Screw You (Young Man's Blues)», el 15 de octubre de 1973, «Candle in the Wind»/«Bennie and the Jets», el 4 de febrero de 1974 (solo en el Reino Unido), y «Bennie and the Jets»/«Harmony», el 4 de febrero de 1974. Elton John se negó a editar el tema «Bennie and the Jets» como single, pensando que sería un fracaso comercial, pero la emisora CKLW en Windsor, Ontario, comenzó a radiarla y consiguió que fuera #1 en el mercado discográfico de Detroit. La compañía editó el sencillo al mismo tiempo que medio centenar de emisoras de Canadá y Estados Unidos lo emitían como objetivo prioritario, consiguiendo que alcanzara el #1 de la lista de singles más vendidos del Billboard, certificando como Single de Oro el 8 de abril de 1974 y Platino el 13 de septiembre de 1995. La RIAA certificó 2,8 millones de copias vendidas en agosto de 1976.

CARIBOU (1974)
DJM (Reino Unido)
MAC (EE. UU.)

■ **TEMAS**

1. «The Bitch Is Back»
2. «Pinky»
3. «Grimsby»
4. «Dixie Lily»
5. «Solar Prestige a Gammon»
6. «You're So Static»
7. «I've Seen the Saucers»
8. «Stinker»
9. «Don't Let the Sun Go Down on Me»
10. «Ticking»

■ Versión de Mercury Records (1995) y Rocket Records (1996) con temas extra.

11. «Pinball Wizard»   Pete Townshend
12. «Sick City»
13. «Cold Highway»
14. «Step into Christmas»

Todos los temas compuestos por Elton John y Bernie Taupin, salvo los indicados.

Octavo álbum de estudio de Elton John, grabado bajo una fuerte presión de la compañía discográfica que pretendía rentabilizar el enorme éxito de su antecesor. *Goodbye Yellow Brick Road* se editó el 5 de octubre de 1973 y tan solo tres meses después, en enero de 1974, la banda grabó *Caribou* en nueve días agotadores. Se escogieron los Estudios Caribou Ranch, en Nederland, Colorado, porque la agenda del grupo no permitía desplazarse a ningún otro lugar. Se

enzarzaron en la producción y grabación tras finalizar una agotadora gira por Japón. Pasados esos nueve días de grabación y mientras
los músicos emprendían sus compromisos en ruta, Gus Dudgeon,
que volvía a ejercer de productor, se encerró en los Brother Studios
de Santa Mónica y añadió pistas de coros, arreglos de vientos e incluso introdujo pistas nuevas de sintetizador, melotrón, además de
borrar un órgano Hammond colocado por Elton John en «Stinker» y
sustituirlo por una nueva grabación del músico de estudio Chester D.
Thompson, hecho que no agradó al titular de las teclas. El disco fue
mezclado de nuevo en los Trident Studios de Londres, finalizando un
proceso de lo más antinatural; una grabación desmembrada y sin cohesión, por culpa de la ambición mercantil de la compañía discográfica. A pesar de que todos los números apuntaban a un completo
desastre *Caribou* fue el cuarto álbum consecutivo en alcanzar el #1
en Estados Unidos y el tercero en el Reino Unido. *Caribou* se editó
el 28 de junio de 1974, precedido del single «Don't Let the Sun Go
Down on Me», editado el 24 de mayo. En cuanto al sencillo «Bennie
and the Jets», del álbum *Goodbye Yellow Brick Road*, desapareció de
las listas, habiendo conseguido ser Disco de Oro. El efecto fue inmediato, alcanzando el #16 del UK Singles Chart y el #2 en Estados
Unidos, catapultando al álbum a coronar las listas de ventas nada
más editarse. Toda esta presión se vio recompensada el mismo mes
de la edición de *Caribou*, con la firma del contrato más lucrativo
que un artista de pop/rock había conseguido jamás. Elton John firmó con MCA por ocho millones de dólares por media docena de
discos, permitiéndole ser en esos momentos el artista mejor pagado del planeta. Musicalmente, *Caribou* es un disco desangelado,
marcado por una precipitación innecesaria, hasta tal punto que su
productor, Gus Dudgeon, años más tarde declaró que «*Caribou* es
un pedazo de mierda, con un sonido y una producción pésimas».
La banda desechó de inmediato los temas de este álbum en concierto y tan solo cuatro temas permanecieron en el *set list* durante
algo más de tiempo: «Grimsby», «Dixie Lily», «You're So Static» y
«Ticking».
     Elton John era ya una figura consolidada en el mercado y la idola-
tría que sentían sus fans ejerció de anfitrión para coronar en Estados
Unidos, Reino Unido, Canadá, Dinamarca y Australia, además de alcanzar el #2 en Japón, Nueva Zelanda y Finlandia. Se acreditó como

Disco de Oro en el Reino Unido y Doble Platino en Estados Unidos. Se editaron dos singles del álbum: «Don't Let the Sun Go Down on Me»/«Sick City», el 20 de mayo de 1974 y «The Bitch Is Back»/«Cold Highway», el 3 de septiembre de 1974.

CAPTAIN FANTASTIC AND THE BROWN DIRT COWBOY (1975)
DMJ (Reino Unido)
MCA (EE. UU.)

■ TEMAS
1. «Captain Fantastic and the Brown Dirt Cowboy»
2. «Tower of Babel»
3. «Bitter Fingers»
4. «Tell Me When the Whistle Blows»
5. «Someone Saved My Life Tonight»
6. «(Gotta Get a) Meal Ticket»
7. «Better Off Dead»
8. «Writing»
9. «We All Fall in Love Sometimes»
10. «Curtains»

■ Versión de Mercury Records (1995) y Rocket Records (1996) con temas extra.

11. «Lucy in the Sky with Diamonds» John Lennon/Paul McCartney
12. «One Day (At a Time)» John Lennon
13. «Philadelphia Freedom»

■ Versión de Mercury Records de 2005 con un tema extra, más un disco en directo.

13. «House of Cards»

- *Live from Midsummer Music.* Grabado en el Wembley Stadium, el 21 de junio de1975
1. «Captain Fantastic and the Brown Dirt Cowboy»
2. «Tower of Babel»
3. «Bitter Fingers»
4. «Tell Me When the Whistle Blows»
5. «Someone Saved My Life Tonight»
6. «(Gotta Get A) Meal Ticket»
7. «Better Off Dead»
8. «Writing»
9. «We All Fall in Love Sometimes»
10. «Curtains»
11. «Pinball Wizard»   Pete Townshend
12. «Saturday Night's Alright for Fighting»

Todos los temas compuestos por Elton John y Bernie Taupin, salvo los indicados.

Noveno álbum de estudio de Elton John y final de una etapa, para muchos la mejor de toda su carrera. Un disco que está considerado como su obra mayor, más consistente y menos comercial, el trabajo donde más arriesgó y la creatividad del dúo John/Taupin alcanzó la cumbre de lucidez. Primero de todo, es el primer álbum que no se grabó deprisa y bajo presiones. La banda con los dos protagonistas se reunieron durante los meses de junio y julio de 1974 en Caribou Ranch de Nederland, Colorado, para construir los temas que deberían reflejar una biografía de los años más duros del binomio John/Taupin, aquellos donde iniciaron su asociación musical. En agosto se les une Gus Dudgeon y graban el relato de forma pausada, gastando las jornadas en perfeccionar los temas y con una sensación sólida de banda consolidada y perfectamente engrasada, algo que la realidad desmiente, al tratarse del último álbum donde trabajarían juntos. Un grupo mínimo formado por Davey Johnstone, Dee Murray, Nigel Olsson y Ray Cooper, más la incorporación del sintetizador de David Hentschel en un par de temas y una mínima orquestación en «Tell Me When the Whistle Blows». Musicalmente, el disco narra las vicisitudes en orden cronológico de Captain Fantastic, es decir Elton John, y Brown Dirt Cowboy, el *alter ego* de Bernie Taupin. La historia comienza con el tema que pone el nombre del trabajo, reflejando 1967, para terminar con «Curtains» en la antesala de 1970, con *Empty Sky* ya editado. El relato, coherentemente escrito por Taupin y fantásticamente musicado por Elton John, es de una crudeza angustiosa, pero el compendio musical que se creó sobrepasa el aura traumática y nos regaló un maravilloso disco, donde nada sobra y donde la coherencia y el guion establecido aporta una coherencia sonora que hasta este trabajo no se había conseguido. Un disco conceptual de máxima expresión, que no apuesta por sencillos separados del resto y que escapa con éxito de los aires comerciales de otras ocasiones. El single «Someone Saved My Life Tonight» es una demostración agria de lo expuesto. Un tema que narra sin tapujos los momentos más bajos de Elton John, arrastrado al abismo por su matrimonio con Linda Woodrow, equivocado a todas luces y que lo sumergió en las sombras de un posible suicidio. Sombras que disipó su antiguo compañero musical y sin embargo amigo Long John Baldry, una de las voces injustamente menos valoradas del soul británico. Una apuesta muy arriesgada, como el resto del trabajo, que una vez más, le salió redondo. *Captain Fantastic and the Brown Dirt Cowboy* se publicó el 19 de mayo de 1975, ingresando directamente en el #1 del Billboard americano, vendiendo casi 1,5 millones de copias en los cuatro primeros días y permaneciendo en esa posición durante siete semanas. En el Reino Unido se quedó anclado en el #2, pero coronó en las listas de ventas de Francia, Dinamarca, Nueva Zelanda, Australia y Canadá. En España alcanzó el #3 entre los discos más vendidos. *Captain Fantastic and the Brown Dirt Cowboy* se certificó Disco de Oro a las dos semanas de su edición, en mayo de 1975, adquiriendo el Triple Platino en marzo de 1993. Incomprensiblemente, Elton John despidió a Dee Murray y Nigel Olsson antes de la grabación del nuevo álbum, mientras que Davey Johnstone se marchó en 1978, por lo que este disco es el último grabado por la formación original de la Elton John Band. Se editó un solo single del disco: «Someone Saved My Life Tonight»/«House of Cards», el 23 de junio de 1975.

ROCK OF THE WESTIES (1975)

DJM (Reino Unido)
MCA (EE. UU.)

■ TEMAS

1. «Medley (Yell Help/Wednesday Night/Ugly)»   John, Davey Johnstone, Taupin

2. «Dan Dare (Pilot of the Future)»
3. «Island Girl»
4. «Grow Some Funk of Your Own»   John, Johnstone, Taupin
5. «I Feel Like a Bullet (In the Gun of Robert Ford)»
6. «Street Kids»
7. «Hard Luck Story»   Ann Orson/Carte Blanche
8. «Feed Me»
9. «Billy Bones and the White Bird»

■ Edición de Mercury Records en 1995 con temas extra.

10. «Don't Go Breaking My Heart» (with Kiki Dee)   Ann Orson/ Carte Blanche

■ Edición de Rocket Records en 1996 con temas extra.

11. «Planes»
12. «Sugar on the Floor»   Kiki Dee

Todos los temas compuestos por Elton John y Bernie Taupin, excepto los indicados. Ann Orson/Carte Blanche es un seudónimo utilizado por Elton John.

Se trata del décimo álbum en estudio de Elton John y el que para muchos es el que marca el fin de su época más gloriosa. El título de *Rock of the Westies* está extraído de una frase de la obra de teatro *West of the Rockies*. Se volvieron a utilizar los estudios Caribou Ranch de Colorado, grabándose entre los meses de junio y julio de 1975, al mismo tiempo que *Captain Fantastic and the Brown Dirt Cowboy*

enfilaba a ser uno de los discos más exitosos de su carrera. En primer lugar obtiene más protagonismo el guitarra Davey Johnstone, primer músico al que se le permite acceder a la composición de los temas, firmando junto a John y Taupin en dos ocasiones. Otro de los miembros fuertes es Ray Cooper, quien ya colaboró en el anterior álbum en temas de percusión. La banda se refuerza con viejos conocidos, se reforzaron las guitarras con Caleb Quaye, quien había tocado como músico de sesión en *Empty Sky* y *Tumbleweed Connection*, Roger Pope, viejo compañero de las sesiones de esos dos mismos discos, más el *Madman Across The Water,* se adueñó de la batería, mientras que el bajo se le cedió a Kenny Passarelli, primerizo en la aventura y proveniente de los Barnstorm de Joe Walsh. También es digno de mención que es el primer álbum donde Elton John se lanza a la composición de letra y música sin su compañero de aventuras Bernie Taupin. «Hard Luck Story» y «Don't Go Breaking My Heart», esta última no entró en el álbum hasta la versión de 1995 y Elton John canta a dúo con Kiki Dee, que ejerció de corista en la grabación. Los temas compuestos por Elton John al completo vienen firmados por el seudónimo Ann Orson/Carte Blanche. Musicalmente podemos asegurar que es uno de los discos más flojos de Elton John, aunque el éxito que consiguió nos lleva la contraria. Un álbum sencillo, cargado de temas de rock'n'roll pseudocomerciales que apenas emocionan, pero que sirven de excusa para que la inercia siga manteniéndolo como el artista pop más popular de la década o al menos el más rentable a nivel de ventas. El tema «Island Girl» se editó como single de adelanto el 29 de septiembre de 1975 y alcanzó el #1 en Estados Unidos, desbancando a Neil Sedaka y su tema «Bad Blood». «Island Girl» se instaló durante tres semanas en lo más alto del Billboard Hot 100, certificando single de oro cuando se editaba el álbum completo y alcanzando el single de Platino en 1995. El tema llegó al #14 en el Reino Unido. Espoleado por el éxito de «Island Girl» y todavía sumergido en la nebulosa de *Captain Fantastic and the Brown Dirt Cowboy*, el 24 de octubre se publica *Rock of the Westies* y se convierte en el segundo disco de Elton John en entrar directamente en el #1 del Billboard americano, certificando Disco de Oro esa misma semana y Disco de Platino en marzo de 1993. En el Reino Unido se aposentó en el #5 de la lista de álbumes más vendidos, pero alcanzó el Disco de Oro. Fuera de los dos mercados más importantes del planeta, tan solo en Canadá alcanzó la cumbre y pudo certificar el Disco de Platino. Tras este álbum Elton John no renovó contrato con DJM Records y creó su propio sello discográfico, Rocket Records, para editar sus nuevos discos y las reediciones del material antiguo. Del álbum se extrajeron dos singles: «Island Girl»/«Sugar on the Floor», el 29 de septiembre de 1975, y «Grow Some Funk of Your Own»/«I Feel Like a Bullet (In the Gun of Robert Ford)», el 12 de enero de 1976.

BLUE MOVES (1976)
Rocket Records (Reino Unido)
MCA (EE. UU.)

■ TEMAS

1. «Your Starter for...»   Caleb Quaye
2. «Tonight»
3. «One Horse Town»   John, James Newton Howard, Taupin
4. «Chameleon»
5. «Boogie Pilgrim»   John, Davey Johnstone, Quaye, Taupin
6. «Cage the Songbird»   John, Johnstone, Taupin
7. «Crazy Water»
8. «Shoulder Holster»
9. «Sorry Seems to Be the Hardest Word»
10. «Out of the Blue»
11. «Between Seventeen and Twenty»   John, Johnstone, Quaye, Taupin
12. «The Wide-Eyed and Laughing»   John, Johnstone,
                                           Newton Howard, Quaye, Taupin
13. «Someone's Final Song»
14. «Where's the Shoorah?»
15. «If There's a God in Heaven (What's He Waiting For?)»   John,
                                                      Johnstone, Taupin
16. «Idol»
17. «Theme from a Non-Existent TV Series»
18. «Bite Your Lip (Get Up and Dance!)»

Todos los temas compuestos por Elton John y
Bernie Taupin, excepto los indicados.

Undécimo álbum en estudio de Elton John, segundo trabajo doble de su carrera y primero editado con su propio sello discográfico, Rocket Records. El álbum se grabó íntegramente en los estudios Eastern Sound de Toronto, aunque se incluyeron algunas pistas adicionales de orquestaciones en los Sunset Sound de Los Ángeles, Brother Studios de Santa Mónica y los famosos Abbey Road Studios de Londres, mezclándose finalmente en Marquee Studios de la capital británica. Regresó Paul Buckmaster como director de arreglos orquestales, lo que se tradujo en una sobreproducción del sonido con la inclusión de dos coros numerosísimos como son el The Cornerstone Institutional Baptist Church y el Southern California Community Choir, además de una sección de cuerda llamada The Martyn Ford Orchestra y para finalizar la propia The London Symphony Orchestra. A todo ello hay que sumarle la friolera de treinta músicos (además de las agrupaciones mencionadas), entre los que destacan nombres como David Crosby y Graham Nash tan solo para colocar coros en dos temas. Gus Dudgeon volvió a estar en las tareas de producción, pero sería su último álbum en mucho tiempo. Ciertamente su labor no fue muy brillante, pues resulta un disco ahogado en su propia superproducción. Para muchos es uno de los peores discos de Elton John, quien llegaba a la grabación tras una gira agotadora y unos años de una actividad frenética. Con *Rock of the Westies* ya se intuía una caída en la creatividad y brillantez, que quedan totalmente confirmadas en *Blue Moves*, un disco que recibe innumerables críticas negativas, tachándolo de aburrido, excesivamente extenso, demasiado pretencioso y completamente innecesario. El álbum se publicó el 22 de octubre de 1976 y a pesar de todo lo expuesto, entró directamente en el #3 del Billboard americano y en los *charts* británicos. Certificó como Disco de Oro en Canadá, Francia y el Reino Unido, mientras que en Estados Unidos alcanzó el Disco de Platino. Es el álbum en que más participan los músicos en las composiciones, incluyendo seis cortes firmados por John y Taupin con otros músicos, e incluso el tema de inicio, el instrumental «Your Starter for...», es una composición propia de Caleb Quaye, algo inédito hasta la fecha. Precisamente ese tema y los numerosos preludios que existen en el trabajo es una de las razones del supuesto desplome del conjunto del disco. La mayoría de ellos no aportan nada más que tiempo adicional e implican cohesión. Textos que no se encuentran a la altura de otras ocasiones y canciones que son asfixiadas por la enorme complejidad de los arreglos, que en algunas ocasiones incluso llegan a ensordecer el piano. Se editaron tres singles del álbum. «Sorry Seems to Be the Hardest Word»/«Shoulder Holster», el 1 de noviembre de 1976. «Bite Your Lip (Get Up and Dance!)»/ «Chameleon», el 31 de enero de 1977. «Crazy Water»/«Chameleon», el 4 de febrero de 1977.

A SINGLE MAN (1978)
Rocket Records (Reino Unido)
MCA (EE. UU.)

■ **TEMAS**
1. «Shine on Through»
2. «Return to Paradise»
3. «I Don't Care»
4. «Big Dipper»
5. «It Ain't Gonna Be Easy»
6. «Part-Time Love»
7. «Georgia»
8. «Shooting Star»
9. «Madness»
10. «Reverie»   John
11. «Song for Guy»   John
■ **Reedición de Mercury Records en 1998 con temas extra.**
11. «Ego»   John, Bernie Taupin
12. «Flinstone Boy»   John
13. «I Cry at Night»   John, Taupin
14. «Lovesick»   John, Taupin
15. «Strangers»

Todos los temas compuestos por Elton John y
Gary Osborne, excepto los indicados.

Duodécimo álbum de estudio de Elton John, tras dos años de ausencia que la compañía rellenó con un Greatest Hits que fue un auténtico éxito de ventas y que no hizo más que expandir la fama y el estatus del artista, aunque se encontraba en época de baja creatividad. *Blue Moves* demostró que Elton John no estaba tan inspirado como en el resto de la década y era preocupante el cansancio acumulado, presagio de una nueva etapa de decadencia. Elton John pensó que un descanso seguido de grandes cambios podría ser una solución. Primero de todo prescindió de su compañero de composición Bernie Taupin, trabajando con Gary Osborne en esta ocasión. Osborne era un músico y compositor británico que escribía para terceros y había obtenido algún éxito modesto en Estados Unidos, además de ser durante más de una década el presidente de The Songwriters Executive of the British Academy Of Songwriters Composers and Authors, una sociedad de gestión de derechos de autor. Cuando Elton John le llamó estaba trabajando en lo que sería su gran éxito, la versión musical de *The War of the Worlds* de HG Wells, álbum debut de Jeff Wayne que ha vendido más de 15 millones de discos en todo el planeta. Sin embargo y a pesar de que Taupin siempre fue denostado por parte de la prensa, por sus letras surrealistas, sin sentido y cierta moralidad poco atractiva, sobre todo para las mujeres, Osborne no tenía entidad suficiente como compositor para suplir la ausencia del anterior colaborador de John. En segundo lugar cabe destacar que repite Paul Buckmaster como arreglista y director de orquesta, lo que significó regodearse en una grandilocuencia injustificada. Para este disco Buckmaster reclutó al coro The South Audley Street Girl's Choir, para «Big Dipper» y «Georgia», sin que aporten nada a un par de temas mediocres, más si tenemos en cuenta que en los mismos temas incluyó los cánticos del Watford Football Club, equipo de fútbol del que Elton John era fan desde jovencito y presidente de la entidad desde 1976. Tras la experiencia, Paul Buckmaster no volvería a trabajar con Elton John hasta 1995. John contaba con la colaboración de dos de sus anteriores compañeros, Ray Cooper en la percusión y Davey Johnstone en las guitarras, pero el segundo abandonó la nave al adivinar el declive del proyecto y solo aparece en el tema «Part-Time Love». El álbum se grabó entre enero y septiembre de 1978, en los estudios The Mill en Cookham, a orillas del Támesis, comprados por Gus Dudgeon con la intención de grabar y mezclar los discos de Elton John. Irónicamente, el primer disco que se grabó en The Mill, no lo produjo Dudgeon. *A Single Man* fue producido por el propio Elton John y Clive Franks, quien hasta la fecha había trabajado como ingeniero de sonido de la mayoría de sus discos y directos. El álbum salió a la venta el 16 de octubre de 1978, siendo el disco que más tiempo tardó en grabarse, desde el inicio de su carrera. El resultado es un disco errático, sin apenas personalidad, donde Elton John tras dos años de ausencia parece cansado o al menos desorientado. Para muchos es uno de los peores discos de su carrera, pero las ventas del mismo no les dan la razón, porque a pesar de funcionar peor que los anteriores, ni de lejos se puede hablar de fracaso. *A Single Man* entró directamente en el #8 de los *charts* británicos y no pasó del #15 en el Billboard americano. Francia fue el país que mejor acogió en listas el álbum, alcanzando un #2, mientras que en España volvió a entrar en el listado de ventas con un #12. *A Single Man* certificó Disco de Oro en Holanda, Francia y Reino Unido, mientras que en Canadá y Estados Unidos alcanzó el Disco de Platino. Tras las actuaciones que Elton John ofreció en Moscú y Leningrado, presentando el álbum, *A Single Man* se convirtió en el primer disco que pudo publicar en la antigua URSS, aunque para pasar la censura comunista hubieron algunos cambios; el álbum pasó a llamarse *Poyot Elton John (Elton John Canta en Ruso)* y se eliminaron los temas «Big Dipper» y «Part-Time Love», ya que los funcionarios soviéticos consideraron que la temática de las canciones era ofensiva. Se editaron tres singles del disco: «Part-Time Love»/«I Cry at Night», el 4 de octubre de 1978, «Song for Guy»/«Lovesick», el 28 de noviembre de 1978 en el Reino Unido y en marzo de 1979 en Estados Unidos, y «Return to Paradise»/«Song for Guy», tan solo en Alemania a principios de 1979.

José Luis Martín

VICTIM OF LOVE (1979)
Rocket Records (Reino Unido)
MCA (EE. UU.)

■ TEMAS

1.	«Johnny B. Goode»	Chuck Berry
2.	«Warm Love in a Cold World»	Pete Bellotte, Stefan Wisnet, Gunther Moll
3.	«Born Bad»	Bellotte, Geoff Bastow
4.	«Thunder in the Night»	Bellotte, Michael Hofmann
5.	«Spotlight»	Bellotte, Wisnet, Moll
6.	«Street Boogie»	Bellotte, Wisnet, Moll
7.	«Victim of Love»	Bellotte, Sylvester Levay, Jerry Rix

Victim of Love es el decimotercer disco de Elton John, pero podría estar considerado una broma de mal gusto en toda regla. Tras
la decepción de A Single Man y la eterna necesidad de Elton John de
no repetirse, le llevó a tomar la errónea decisión de adentrarse en el
mundo de la música disco, en pleno apogeo, al final de la década.
Para ello confía en el productor Pete Bellotte, productor y compositor británico que junto con su compañero Giorgio Moroder, era responsable de los éxitos de Donna Summer. Elton John ni compone
las músicas, ni toca ningún instrumento, tan solo se dedica a cantar coros y poner la voz principal. Bellotte compone seis de los siete temas del disco y practica una aberrante demostración de cómo
una misma base rítmica puede ir saltando de surco en surco sin que
produzca más sobresalto que el polvo en las grietas del vinilo. Para
colmo, el disco abre con la que posiblemente sea la versión más floja
jamás grabada del clásico de Chuck Berry «Johnny B. Goode», al que
le conceden una agonía de más de 8 minutos. De Victim Of Love no se

puede salvar nada, incluso los amantes de la música disco coinciden que ni siquiera está a la altura de las pistas de baile. De hecho Elton John nunca presentó este disco en directo y ninguna de sus canciones se incluyó en *set list* alguno de su carrera. Fue grabado en agosto de 1979 en los estudios Musicland de Múnich y Rusk Sound Studios de Hollywood y editado el 13 de octubre de ese mismo año. La recepción fue terrible, recibiendo numerosas críticas y desplomándose en las listas de ventas. En el Reino Unido alcanzó a duras penas el #41 y se obturó en el #35 del Billboard, con más pena que gloria. Se editaron dos singles del álbum: «Victim of Love»/«Strangers», en septiembre de 1979, y «Johnny B. Goode»/«Georgia», en diciembre de 1979.

21 AT 33 (1980)
Rocket Records (Reino Unido)
MCA (EE. UU.)

■ TEMAS

1.	«Chasing the Crown»	Elton John, Bernie Taupin
2.	«Little Jeannie»	John, Gary Osborne
3.	«Sartorial Eloquence»	John, Tom Robinson
4.	«Two Rooms at the End of the World»	John, Taupin
5.	«White Lady White Powder»	John, Taupin
6.	«Dear God»	John, Osborne
7.	«Never Gonna Fall in Love Again»	John, Robinson
8.	«Take Me Back»	John, Osborne
9.	«Give Me the Love»	John, Judie Tzuke

Decimocuarto álbum en estudio de Elton John, con un título enigmático de sencilla explicación. *21 At 33* hace referencia a los 21 trabajos discográficos que había editado Elton John en 1980 (14 discos de estudio, 3 recopilaciones, 2 discos en directo, 1 banda sonora y 1 EP), cuando cumplió 33 años.

El álbum se grabó en sesiones separadas, en agosto de 1979 en los Super Bear Studios de Berre-les-Alpes, Francia, y entre enero y marzo de 1980 en los estudios Sunset Sound Recorders de Los Ángeles, California. Mezclado en A&M Mastering Studio de Los Ángeles. Se trata de un álbum de transición, que intenta salir del bucle negativo en el que había caído desde finales de 1976, con la edición de tres discos decepcionantes, *Blue Moves*, *A Single Man* y *Victim Of Love*. Elton John vuelve a confiar en Clive Franks que produce el álbum junto a él, pero cambia la forma de trabajar y se rodea de diferentes compositores sin cerrarse a una sola colaboración. Vuelve a trabajar con Bernie Taupin y con Gary Osborne, pero además colabora con Tom Robinson y Judie Tzude. El resultado resulta dispar, con una primera cara muy apreciada por críticos y fans, que tiene grandes temas entre los que destaca «Little Jeannie», pero un segundo lado que no se salva de la quema y es criticado como monótono, falto de ideas y aburrido. Todo ello rodeándose de un fabuloso elenco de 37 músicos entre los que destacan los antiguos miembros de la Elton John Band, Nigel Olsson y Dee Murray, más las aportaciones personales de apellidos como Bill Chaplin del grupo Chicago, Glenn Frey, Don Henley y Timothy B. Schmit de The Eagles y este último también en Poco, Max Gronenthal de Grand Funk Railroad, Bruce Johnston de Beach Boys y Steve Lukather y David Paich de Toto. El disco se publicó el 13 de mayo de 1980 y solo consiguió entrar en el Top 10 en Nueva Zelanda (#3), Francia (#3), Noruega (#6) y Australia (#7). En el Reino Unido se tuvo que conformar con un modesto #12, mientras que en Estados Unidos alcanzó el #13. No obstante consiguió la certificación de Disco de Oro en Francia, Canadá y Estados Unidos, donde se quedó a 200.000 copias del Disco Platino. Se editaron tres singles del disco: «Little Jeannie»/«Conquer the Sun», el 1 de mayo de 1980, «Sartorial Eloquence»/«Cartier» y «White Man Danger», el 5 de agosto de 1980, y «Dear God»/«Tactics», «Steal Away Child» y «Love So Cold», el 14 de noviembre de 1980.

THE FOX (1981)
Rocket Records (Reino Unido)
Geffen (EE. UU.)

■ TEMAS

1.	«Breaking Down Barriers»	John, Gary Osborne
2.	«Heart in the Right Place»	John, Osborne
3.	«Just Like Belgium»	John, Bernie Taupin
4.	«Nobody Wins»	Jean-Paul Dreau, Osborne
5.	«Fascist Faces»	John, Taupin
6.	«Carla/Etude»	John
7.	«Fanfare»	John, James Newton Howard
8.	«Chloe»	John, Osborne
9.	«Heels of the Wind»	John, Taupin
10.	«Elton's Song»	John, Tom Robinson
11.	«The Fox»	John, Taupin

Decimoquinto álbum de estudio de Elton John, un trabajo que muchos consideran fabricado de retales o temas desechados. De las sesiones de grabación de *21 At 33*, se rescataron cinco temas, las pistas 2, 6, 7, 8 y 10, que fueron producidas por Elton John y Clive Franks y que no entraron en el álbum ni como caras B de los singles lanzados. Es donde radican las críticas, que consideran que esos temas no tienen entidad suficiente para construir un disco. Los demás temas, seis en concreto, fueron grabados en los The Village Recorder y Devlon Studios de Los Ángeles y en Abbey Road Studios de Londres, producidos por Elton John y Chris Thomas, productor de larga trayectoria que trabajó con The Beatles, Pink Floyd, Sex Pistols o Roxy Music entre muchos otros. Acababa de producir el álbum debut de The Pretenders que alcanzó el #1 en el Reino Unido y era disputado

por numerosas bandas del momento. Thomas inició con este disco
una larga lista de colaboraciones con Elton John. *The Fox* se publicó
el 20 de mayo de 1981 obteniendo una recepción bastante decepcionante. En el Reino Unido se quedó en el #12, mientras que en
Estados Unidos no pasó del #21. Tan solo consiguió Certificación de
Disco de Plata en Inglaterra y Australia. Como curiosidad, apuntar
que en Francia y en Quebec se incluyó la versión original en francés
de «Tendresse», que aparece en el disco como «Nobody Wins», al
pasarle la letra al inglés. En 2003 se publicó la reedición en el formato CD, pero no incluyó temas extras, aunque se unieron los temas
«Carla/Etude», «Fanfare» y «Chloe», configurando un disco de solo 9
canciones. El tema «Elton's Song» trata de un adolescente que sien-
te atracción por otro, pero es muy tímido para declararse, fue prohibido en la radio de varios países por su contenido homosexual y en
el Reino Unido se excluyó del vídeo VHS que publicó RCA en 1982,
porque la escuela pública donde se rodó se opuso a su publicación
debido al contenido de la canción argumentando que podría causar
un gran agravio a la moral de la institución y al alumnado. Se extrajeron tres singles de *The Fox*: «Nobody Wins»/«Fool In Fashion», el 23
de mayo de 1981, «Just Like Belgium»/«Can't Get Over Getting Over
Losing You», en junio de 1981, y «Chloe»/«Fanfare»/«Chloe», en julio
de 1981.

JUMP UP! (1982)
Rocket Records (Reino Unido)
Geffen (EE. UU.)

■ **TEMAS**

1. «Dear John»	Elton John, Gary Osborne
2. «Spiteful Child»	John, Bernie Taupin
3. «Ball and Chain»	John, Osborne
4. «Legal Boys»	John, Tim Rice
5. «I Am Your Robot»	John, Taupin
6. «Blue Eyes»	John, Osborne
7. «Empty Garden (Hey Hey Johnny)»	John, Taupin
8. «Princess»	John, Osborne
9. «Where Have All the Good Times Gone?»	John, Taupin
10. «All Quiet on the Western Front»	John, Taupin

Decimosexto álbum de Elton John en estudio, que significó una cierta recuperación de la creatividad, aunque no tanto en popularidad y ventas. El álbum se grabó en los meses de septiembre y octubre de 1981 en los AIR Studios, propiedad de George Martin, en la paradisíaca isla de Montserrat, en las Antillas. Fue la primera de tres producciones registradas en dichos estudios. Otras pistas y arreglos de orquesta se incluyeron desde los Pathe Marconi Studios de Francia. Segunda colaboración con el productor Chris Thomas, que supo imprimirle un espíritu pop al disco, tan necesario para sacar del bucle negativo a Elton John. Es importante destacar el retorno de Bernie Taupin, quien comparte las tareas de producción con Elton John y Gary Osborne, con la excepción de «Legal Boys», que está firmada por John y Tim Rice, con quien años más tarde compondría, entre otras, «The Lion King». El disco vuelve a contar con un buen elenco de grabación, en el que figuran Pete Townshend, colocando una gran guitarra acústica en «Ball and Chain», tema que camina con la batería de Steve Holley, quien había marchado de los Wings de Paul McCartney. El resto de baterías son de Jeff Porcaro de Toto, añadiendo a los habituales James Newton Howard y Dee Murray, más el reincidente Richie Zito y la inevitable orquestación, en este caso dirigida por Gavyn Wright, violinista y director de la London Session Orchestra. El disco se publicó el 9 de abril de 1982, recibiendo críticas dispares que apuntaban a su brillantez y luminosidad pop por un lado, pero otras le seguían acusando de marcar más la decadencia de una estrella pop venida a menos. A nivel de ventas, *Jump Up!* se quedó en el #13 de las listas británicas y recuperó presencia en el Billboard con un modesto #17, lo que de por sí le aseguró un Disco de Oro con más de medio millón de discos vendidos. En las sesiones de grabación de Montserrat se grabaron más temas, algunos de ellos han quedado inéditos hasta la fecha de hoy, «At This Time in My Life», «Desperation Train», «I'm Not Very Well», «Jerry's Law», «Moral Majority», «Waking Up in Europe» y «The Ace of Hearts and the Jack of Spades». Otro dato importante es que Elton John comenzó a cantar en un registro mucho más bajo de lo habitual y temas como «Blue Eyes» aportan una visión jamás conocida en el vocalista hasta la fecha. El tema «Empty Garden (Hey Hey Johnny)», el mejor del disco, está dedicado a la memoria de John Lennon, asesinado unos meses antes de la grabación. Se editaron cinco singles de *Jump Up!*: «Empty Garden (Hey Hey Johnny)»/«Take Me Down To The Ocean», el 12 de marzo de 1982; «Blue Eyes»/«Hey Papa Legba», en marzo de 1982 en Inglaterra y en julio en Estados Unidos; «Princess»/«The Retreat», en el Reino Unido en junio de 1982; «Ball and Chain»/«Where Have All the Good Times Gone?» (Alternate Version), en septiembre de 1982, y «All Quiet on the Western Front»/«Where Have All the Good Times Gone?» (Alternate Version), en noviembre de 1982.

TOO LOW FOR ZERO (1983)

Rocket Records (Reino Unido)
Geffen (EE. UU.)

■ TEMAS
1. «Cold as Christmas (In the Middle of the Year)»
2. «I'm Still Standing»
3. «Too Low for Zero»
4. «Religion»
5. «I Guess That's Why They Call It the Blues»   John, Davey Johnstone, Taupin
6. «Crystal»
7. «Kiss the Bride»
8. «Whipping Boy»
9. «Saint»
10. «One More Arrow»
■ Reedición de Mercury en 1998 con temas extra.
11. «Earn While You Learn»
12. «Dreamboat»   John, Tim Renwick
13. «The Retreat»

Todos los temas compuestos por Elton John y Bernie Taupin, excepto los indicados.

Decimoséptimo álbum de estudio de Elton John y el más exitoso de la década de los ochenta, rompiendo una racha de varios discos decepcionantes. Si bien el anterior trabajo de estudio, *Jump Up!*, dejó intuir que Elton John estaba regenerando su personalidad musical, fue la estrategia lo que provocó un cambio tan lúcido y con tan asombrosos resultados. El disco se volvió a grabar en los AIR Studios de la isla de Montserrat y en los Sunset Sound Recorders de

Hollywood, con Chris Thomas como productor absoluto, sin la intervención de Elton John en dicha tarea. La grabación se realizó entre los meses de septiembre de 1982 y enero de 1983. John reconoció que pese a la distancia estilística entre ambos y a lo desfasado de algunos textos, el mejor letrista con quien ha trabajado es Bernie Taupin y le encarga la composición del álbum al completo, consiguiendo que en cierta manera este disco tuviera continuidad y no fuera tan errático. John y Taupin no habían trabajado a tiempo completo desde 1976 y el disco *Blue Moves*, marcada aquella ocasión por el agotamiento mutuo, que aquí se ha resuelto con una explosión de alegría y luminosidad. Taupin convence a John de que menos es más y que el retorno a la sencillez de una banda de pop le aportará más alegrías que disgustos. De esta forma Elton John vuelve a reclutar al grueso de la Elton John Band de los setenta, Dee Murray, Nigel Olsson, Davey Johnstone y Ray Cooper, contando con la colaboración de Kiki Dee en coros y Skaila Kanga en el arpa, quien participó en los discos *Elton John* y *Tumbleweed Connection*. Cabe destacar la maravillosa armónica que coloca Stevie Wonder en «I Guess That's Why They Call It the Blues», único tema en el que John deja que Johnstone colabore en la composición de la música y que a la postre se convirtió en el mejor del disco.

El disco se publicó el 30 de mayo de 1983 precedido un mes antes por el single «I Guess That's Why They Call It the Blues» que entró directamente en el #2 de la lista de Adult Contemporary, lista confeccionada por la programación de un gran número de emisoras de radio a lo largo de la geografía de la FM americana llamadas Adult Contemporary Radio Stations. Por otro lado se situó durante cuatro semanas consecutivas en el #4 del Billboard Hot 100. En el Reino Unido se coló en el #5 de los singles más vendidos y fue #1 en Canadá y en Zimbabue. Con las premisas del single, se esperaba una mejor recepción en Estados Unidos, pero en su lugar el álbum se quedó en un modesto #25 en el Billboard, aunque llegó a vender un millón de copias y certificarse como Disco de Platino. En el Reino Unido se posicionó en el #7, vendiendo 300.000 discos y certificando Platino, al igual que en Canadá y Australia donde consiguió seis Discos de Platino con 420.000 copias vendidas (el baremo de certificación es muy diferente en cada país); mientras que en Francia y Alemania se le adjudicó el Disco de Oro. En España alcanzó el #7 de las listas de ventas del mes de junio de 1983. Se editaron seis singles de *Too Low For Zero*: «I Guess That's Why They Call It the Blues»/«Choc-Ice Goes Mental», en Abril de 1983 excepto EE. UU, «I Guess That's Why They Call It the Blues»/«The Retreat», en noviembre de 1983 en Estados Unidos, «I'm Still Standing»/«Love So Cold» (US) «Earn While You Learn» (UK), ambos el 3 de julio de 1983; «Kiss the Bride»/«Dreamboat», en octubre de 1983. «Cold as Christmas (In the Middle of the Year)»/«Crystal», en diciembre de 1983 y «Too Low for Zero»/«Dreamboat», en enero de 1984. En Alemania se editó con la cara B conteniendo el tema «Religion».

BREAKING HEARTS (1984)
Rocket Records (Reino Unido)
Geffen (EE. UU.)

■ **TEMAS**

1. «Restless»
2. «Slow Down Georgie (She's Poison)»
3. «Who Wears These Shoes?»
4. «Breaking Hearts (Ain't What It Used to Be)»
5. «Li'l 'Frigerator»
6. «Passengers»   John, Taupin, Davey Johnstone, Phineas MkHize
7. «In Neon»
8. «Burning Buildings»
9. «Did He Shoot Her?»
10. «Sad Songs (Say So Much)»

Todas las canciones compuestas por Elton John
y Bernie Taupin, excepto la indicada.

Decimoctavo álbum de estudio de Elton John, y un paso más en la recuperación de su carrera musical tras el bache de algunos discos a finales de los setenta. Si con *Too Low For Zero* John consiguió provocar en público y crítica sensaciones que se acercaban a las presentadas en su época dorada, con este *Breaking Hearts* se confirma su buen estado de forma y que la fórmula utilizada es la correcta. Elton John vuelve a la isla de Montserrat, el motivo, según declaraciones suyas, era para poder dedicarse completamente al trabajo y no perderse en divagaciones pueriles, algo que solo se puede conseguir aislándose del resto del mundo. El disco se grabó en dos semanas, la primera en diciembre de 1983 y la segunda en abril de 1984. Usando el formato de trabajo de composición/grabación, es decir, tema compuesto/tema grabado. Producción de Chris Thomas que tras los buenos resultados de *Too Low For Zero*, apostó por la sencillez. Tan solo existe una colaboración en el disco, Andrew Thompson que pone el saxofón en el tema «Li'l 'Frigerator». El resto es un trabajo de banda, que si estudiamos bien la carrera de Elton John, es el formato que más alegrías le ha aportado. En *Breaking Hearts* encontramos al núcleo de la legendaria Elton John Band, con John al piano, sintetizador, Hammond y voz principal; Davey Johnstone con todas las guitarras y el sitar de «Did He Shoot Her?», además de acoplarse a los coros; Nigel Olsson a las baterías y percusiones dejando fuera al miembro no oficial Ray Cooper, y Dee Murray que realizó coros y todos los bajos del disco, siendo este álbum el último que grabaría con Elton John, falleciendo de cáncer de piel en 1992. El resultado es un disco muy compacto, serio pero luminoso y repleto de vitalidad, donde la fuerza se divide en temas clásicos compuestos a piano que tienen más relación con las baladas pop y otros más viscerales donde el piano pierde importancia y el rock gana la partida. Hay muchas más guitarras que en los anteriores discos y la contundencia de banda se confirmaría durante la gira de presentación... lástima que de nuevo se volviera a deshacer la cohesión con la desmembración del grupo a corto plazo. El álbum se editó el 18 de junio de 1984, precedido por el single «Sad Songs (Say So Much)», a finales de mayo, que entró directamente en el #5 del Billboard Hot 100 y en el #7 en el Reino Unido, teniendo gran repercusión en numerosos países como Irlanda, Suiza, Alemania, Austria, Canadá, Australia, Sudáfrica y de nuevo Zimbabue, en todos ellos alcanzando el TOP 10. Precedido por el éxito del primer single, *Breaking Hearts* entró directamente en el #2 de los *charts* del Reino Unido, donde vendió más de 250.000 copias alcanzando el Disco de Oro. En Estados Unidos la recepción fue más modesta, posicionando en el #20, pero siendo Disco de Oro en septiembre, solo a tres meses de su publicación y certificando Disco de Platino en agosto de 1998. En Australia el disco alcanzó el #1 y certificó el Disco de Platino, mientras que en España volvió a entrar en listas alcanzando el #5. Se publicaron 5 singles de *Breaking Hearts*: «Sad Songs (Say So Much)»/«A Simple Man», en mayo de 1984. «Who Wears These Shoes?»/«Lonely Boy», en agosto de 1984 en Estados Unidos y Canadá. «Passengers»/«Lonely Boy», en agosto de 1984 en el Reino Unido y el resto del mercado internacional, «In Neon»/ «Tactics», a finales de 1984 en Estados Unidos y Canadá, y «Breaking Hearts (Ain't What It Used to Be)»/«In Neon», en marzo de 1985.

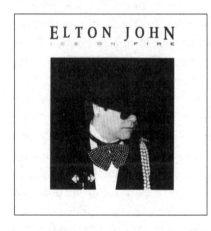

ICE ON FIRE (1985)
Rocket Records (Reino Unido)
Geffen (EE. UU.)

■ TEMAS

1. «This Town»
2. «Cry to Heaven»
3. «Soul Glove»
4. «Nikita»
5. «Too Young»
6. «Wrap Her Up»   John, Taupin, Davey Johnstone, Fred Mandel, Charlie Morgan, Paul Westwood
7. «Satellite»
8. «Tell Me What the Papers Say»
9. «Candy by the Pound»
10. «Shoot Down the Moon»

- Reedición en CD, realizada en 1992 por MCA, con un tema extra.
11. «Act of War» (Duet with Millie Jackson)
- Reedición en CD, realizada en 1999 por Mercury Records, con temas extra.
12. «The Man Who Never Died»   John
13. «Restless» (Live At Wembley Stadium1984)
14. «Sorry Seems to Be the Hardest Word» (Live at Rainbow Rock 1977)
15. «I'm Still Standing» (Live At Wembley Stadium1984)

Todas las canciones compuestas por Elton John y
Bernie Taupin, excepto las indicadas.

Ice On Fire es el decimonoveno álbum de estudio de Elton John y un trabajo donde confluyen muchos aspectos profesionales y personales que no ayudaron a crear un buen disco. Aunque parezca increíble, Elton John vuelve a despedir a su banda, la que mejores resultados le ha aportado y al parecer por lo que se apunta de las declaraciones de los músicos, sin mediar explicación. Dee Murray y Nigel Olsson fueron despedidos por una llamada anónima de la compañía de Elton John, tal y como contaba Olsson: «Desearía que Elton hubiera hecho la llamada. Hubiera sido mucho más fácil. La razón por la que nos dejó ir, por lo que leí en la prensa, fue que quería cambiar de dirección musical». Desgraciadamente nunca solucionó el problema con Murray, quien padecía un cáncer de piel y falleció en 1992 sin tener noción cierta de qué había pasado. «Estábamos muy unidos y viviendo en Nashville. Unas semanas antes de que Dee muriera, lo visité. Una de las últimas cosas que me dijo fue "Nigel, ojalá nos hubieran dicho qué demonios hicimos para que nos despidieran". Nunca obtuvimos la historia correcta. Eso realmente me entristece y realmente no paso un día sin pensar en Dee». De la misma forma prescinde de Chris Thomas y recupera a Gus Dudgeon, que no resulta suficiente para reconstruir el rompecabezas que se estaba gestando. La situación del dúo John/Taupin pasa porque el segundo no quiere abandonar Los Ángeles, lugar donde trabaja además de con John con más artistas, habiendo conseguido un #1 con «We Built This City», interpretado por Starship, banda de AOR monótono, heredera de Jefferson Starship y anteriormente de Jefferson Airplane. Por ese motivo la grabación se traslada a los estudios Record Plant de Los Ángeles, para grabar el disco entre enero y junio de 1985. Para acabar con los aspectos que influyeron en una situación no deseada, la homosexualidad de Elton John estaba cada día más clara, lo que afectaba de forma determinante en el mercado americano. Todas estas circunstancias llevan de nuevo a la rutina de rodearse de infinidad de colaboradores, que en esta ocasión llegan a los 34 músicos implicados, evidenciando que no se apuesta por la sencillez del anterior disco. Elton John relega la mayor parte de pianos y sintetizadores en el músico de sesión canadiense Fred Mandel. Entre los colaboradores cabe destacar la participación de George Michael en dos temas, «Nikita» y «Wrap Her Up», realizando una estupenda labor vocal en el segundo, donde su voz se funde y confunde con la de John. También es curioso que en el tema «Too Young», la batería y el bajo es para Roger Taylor y John Deacon de Queen, que no son capaces de cambiar uno de los temas más desastrosos del disco. Unas semanas antes de la publicación del disco se editó en el Reino Unido y para el mercado no americano el single «Nikita», que narra los deseos amorosos de un joven con una joven guardia de la frontera de Alemania Oriental en plena Guerra Fría. En Estados Unidos tardó en editarse hasta febrero de 1986, porque el tema podría llevar a otra interpretación sexual, ya que Nikita es un nombre que también es masculino en ruso. El single alcanzó el #3 en el Reino Unido, pero coronó con el #1 en Irlanda, Alemania, Bélgica, Holanda y Suiza, siendo single de Plata en Francia y el Reino Unido. El álbum se publicó el 4 de noviembre recibiendo malas críticas en Estados Unidos, donde no pasó del #48 del Billboard, aunque con el tiempo alcanzó el medio millón de copias vendidas y se certificó como Disco de Oro. En Europa tuvo excelentes críticas a nivel general y las ventas fueron copiosas. En el Reino Unido alcanzó el #3 certificando Disco de Platino, al igual que en Suiza, Suecia y Australia, así como Disco de Oro en Francia, Alemania y Holanda.

Se editaron cuatro singles de *Ice On Fire*: «Nikita»/«The Man Who Never Died», el 29 de octubre de 1985, «Nikita»/«Restless», solo en Estados Unidos en febrero de 1986, «Wrap Her Up»/«Restless» (Live) en noviembre de 1985, y «Cry to Heaven»/«Candy By The Pound», en febrero de 1986. «Soul Glove»/«I'm Still Standing» solo se editó para promocionar en emisoras de radio españolas, durante 1985.

LEATHER JACKETS (1986)
Rocket Records (Reino Unido)
Geffen (EE. UU.)

■ TEMAS

1. «Leather Jackets»
2. «Hoop of Fire»
3. «Don't Trust That Woman»   Cher,
John bajo el seudónimo Lady Choc Ice

4. «Go It Alone»
5. «Gypsy Heart»
6. «Slow Rivers»   John, Cliff Richard
7. «Heartache All Over the World»
8. «Angeline»   John, Taupin, Alan Carvell
9. «Memory of Love»   John, Gary Osborne
10. «Paris»
11. «I Fall Apart»

Todas las canciones compuestas por Elton John y
Bernie Taupin, excepto las indicadas.

Vigésimo álbum de estudio de Elton John y según él mismo declaró en una entrevista en 2001, se trata del peor disco de toda su carrera, del diseño de portada a los temas compuestos y la instrumentación. Todo se puede comprender si se tiene en cuenta que Elton John estaba enganchadísimo a la cocaína y que 1986 fue un mal año para los rockeros de cierta edad. The Rolling Stones editan el penoso *Dirty Work*, Paul McCartney el desechable *Press To Play*, Bob Dylan el horroroso *Knock Out Loaded* y Alice Cooper el prescindible *Constrictor*. En todos ellos, las sustancias alienantes y la necesidad de sentirse vigentes con demasiados años de carrera a la espalda, en una década donde los ritmos estaban cambiando hacia la comercialidad insustancial, les pasó factura y Elton John no fue menos. La mayoría de las canciones se grabaron en las sesiones de *Ice On Fire*, en Record Plant de Los Ángeles, entre enero y junio de 1985. Por esa razón vuelven a aparecer colaborando John Deacon y Roger Taylor de Queen, en esta ocasión en el tema «Angeline». Entre enero y mayo de 1986 se grabó el resto del álbum en los estudios Wisseloord Hilversum, CTS Studios y The Sol Studio de Londres, bajo la producción de Gus Dudgeon, que realizaría su último disco para Elton John. Otra de las posibles razones de que el álbum sea tan flojo es la necesidad y urgencia de finiquitar el contrato con Geffen en Estados Unidos, una relación profesional que a Elton John nunca satisfizo, pero que no termina de justificar lo errático y mediocre del material. El disco se publicó el 15 de octubre de 1986 y recibió críticas durísimas por parte de la prensa musical. En Estados Unidos se estancó en un desesperante #91, mientras que en Reino Unido alcanzó trabajosamente el #24, consiguiendo con el tiempo certificar como Disco de Oro. Elton John desapareció del Top 10 de las listas internacionales y tan solo en Australia alcanzó durante un par de días el #4 pero sus ventas fueron irrisorias. En 2017 se remasterizaron todos los discos anteriores a 1993, para editarlos con mejor sonido y temas extra. Este es el único disco de ese periodo que no entró en la campaña de remasterización. Se publicaron cinco singles del álbum: «Heartache All Over the World»/«Highlander», en septiembre de 1986, «Slow Rivers»/«Billy And The Kids», firmado como Elton John & Cliff Richards, en noviembre de 1986, «Paris»/«Gypsy Heart» a finales de 1986, y «Angeline»/«Hoop Of Fire», en febrero de 1987.

REG STRIKES BACK (1988)
MCA (EE. UU.)

■ TEMAS

1. «Town of Plenty»
2. «A Word in Spanish»
3. «Mona Lisas and Mad Hatters, Part Two»
4. «I Don't Wanna Go On with You Like That»
5. «Japanese Hands»
6. «Goodbye Marlon Brando»
7. «The Camera Never Lies»
8. «Heavy Traffic»   John, Taupin, Davey Johnstone
9. «Poor Cow»
10. «Since God Invented Girls»

■ Reedición en CD de 1998 por el sello PolyGram
(Rocket Records/Mercury), con temas extra.

11. «Rope Around a Fool»
12. «I Don't Wanna Go On with You Like That» (Shep Pettibone Mix)
13. «I Don't Wanna Go On with You Like That» (Just Elton and His Piano Mix)
14. «Mona Lisas and Mad Hatters, Part Two» (The Renaissance Mix)

Todas las canciones compuestas por Elton John y
Bernie Taupin, excepto las indicadas.

Se trata del vigésimo primer álbum de Elton John, que él mismo calificó como el disco del retorno. La decepción del álbum *Leather Jackets*, llevó a Elton John a un periodo de reflexión en el que se juntaron varios factores. Finalizar el contrato con Geffen, por lo que se editó el álbum *Greatest Hits Volume III*, que consiguió ser doble

Disco Platino. Su firma por la multinacional MCA para todo el planeta, relegando a su propio sello a formatos de reediciones. Con MCA editó *Live In Australia*, grabado junto a la Melbourne Symphony Orchestra, todo un éxito de ventas que le colocó de nuevo como la *rock star* que fue durante los años setenta, alcanzando el Triple Disco Platino. Además se sometió a una cirugía de garganta complicada, donde se le extirparon varios nódulos de las cuerdas vocales, que finalmente resultaron ser benignos y se descartó el cáncer. Con todas estas premisas se compuso y grabó *Reg Strikes Back*, nombre que hace referencia al verdadero nombre de Elton John, Reginald, con un definitorio Reg Contraataca. El disco se grabó en varios estudios, AIR Studios de la isla de Montserrat, Westside Studios de Londres, Circle Seven Recording y The Record Plant de Los Ángeles, con la producción del rescatado Chris Thomas. En el disco vuelve a destacar la colaboración de Pete Townshend en el tema «Town of Plenty», donde coloca una estupenda guitarra acústica. Curiosamente Elton John reúne de nuevo y por última vez a los componentes de la Elton John Band; además de Davey Johnstone, impertérrito colaborador, encontramos a Dee Murray y Nigel Olsson en los temas «Town of Plenty» y «Poor Cow», pero sin instrumentos, tan solo haciendo coros. Elton John se presenta completamente recuperado de su operación de garganta y pletórico de aptitudes, aunque por desgracia para sus fans abandona el piano de cola para centrarse en el teclado eléctrico. La portada del disco muestra todos los trajes y parafernalia que Elton John utilizó en su carrera hasta la edición de *Reg Strikes Back*, como si necesitara desprenderse de ellos, algo que hizo en septiembre de 1988, en una subasta realizada en Sotheby's. El álbum se publicó el 24 de junio de 1988, descubriendo rápidamente la recuperación de John en una estupenda aceptación por parte de crítica y público, si bien es cierto que hay dos partes muy diferentes; la primera cara (hablando siempre en términos de vinilo) era muy superior a la cara B, donde los temas no alcanzaban la calidad deseada. En Estados Unidos la recuperación de Elton John se tradujo en una posición más elevada, #18 en el Billboard y certificando Disco de Oro en tan solo un mes de ventas, con medio millón de discos vendidos. En el Reino Unido aguantaba el tirón en el #18 y se volvía a quedar en Disco de Plata, pero *Reg Strikes Back* obtenía el Disco de Oro en Australia y Francia, siendo doble Platino en Canadá y triple

Platino en Italia, con más de 300.000 copias vendidas. En España no entró en las listas, a pesar de tener el tema «A Word in Spanish», que fue radiado de forma masiva.

Se editaron cuatro singles de *Reg Strikes Back*: «I Don't Wanna Go On with You Like That»/«Rope Around a Fool», en junio de 1988, «Town of Plenty»/«Whipping Boy», en septiembre de 1988, «A Word in Spanish»/«Heavy Traffic», en octubre de 1988, y «Mona Lisas and Mad Hatters, Part Two»/«A Word in Spanish», en diciembre de 1988.

SLEEPING WITH THE PAST (1989)

Rocket Records (Reino Unido)
MCA (EE. UU.)

■ **TEMAS**
1. «Durban Deep»
2. «Healing Hands»
3. «Whispers»
4. «Club at the End of the Street»
5. «Sleeping with the Past»
6. «Stones Throw from Hurtin'»
7. «Sacrifice»
8. «I Never Knew Her Name»
9. «Amazes Me»
10. «Blue Avenue»
■ Reedición en CD de 1999 de PolyGram, con temas extra.
11. «Dancing in the End Zone»
12. «Love Is a Cannibal»

Todos los temas compuestos por Elton John y Bernie Taupin.

Sleeping With The Past es el vigésimo segundo álbum de Elton John y para muchos es el mejor disco publicado en la década de los ochenta. Se trata del primer disco desde *Captain Fantastic and the Brown Dirt Cowboy* de 1975, en el que Elton John y Bernie Taupin asumen la responsabilidad de componer la totalidad de los temas, sin que aparezca en créditos nadie más. Elton John estaba en una época complicada y su adicción comenzaba a ser preocupante, obligándole a ingresar en una clínica de desintoxicación en 1990 para limpiarse. Posiblemente este hecho marcó de forma definitiva que la elección del estudio de grabación les trasladara a Dinamarca, donde se encerraron bajo las órdenes de Chris Thomas durante noviembre y diciembre de 1988, en Puk Recording Studios de la ciudad de Randers. De esta forma, aislados de cualquier tentación que pudiera desviarles del propósito inicial John y Taupin crearon un hilo conductor que resultó ser muy atractivo. El álbum estuvo diseñado para retomar los días gloriosos de los setenta, encaminado a homenajear los viejos temas de rhythm & blues y soul que tanto John como Taupin escuchaban antaño, un sonido que lejos de ser meramente nostálgico, recogía la estela dejada por el exitoso álbum *An Innocent Man* de Billy Joel. Según Taupin: «Se nos ocurrió la idea de volver atrás y escuchar las canciones que nos inspiraron cuando comenzamos a escribir juntos, el momento en que los discos de R&B eran realmente geniales»; opinión de la cual no difería demasiado el propio John, tal y como se desprende de una entrevista promocional a los pocos días de editarse *Sleeping with the Past*: «Es el disco más sólido que hemos hecho. Regresamos a nuestras raíces e intentamos hacer algo especial. A Bernie y yo se nos ocurrió la idea de hacer un álbum que rindiera tributo a todas las grandes canciones de soul con las que crecimos. Y siento que eso también le da un verdadero sentido de continuidad». Reconocían la errática línea de trabajo de los últimos años, asumiendo que un cambio era necesario y urgente. «No estaba particularmente contento con el último álbum, aunque tuvo sus momentos. Siento que en los últimos años nuestros álbumes no han tenido cohesión, han podido confundir a la gente porque los estilos musicales y las estructuras de las canciones han sido tan conflictivas que subían y bajaban sin parar». Finalmente consiguieron el objetivo deseado y *Sleeping with the Past* significó el regreso de Elton John por la puerta grande. El álbum se publicó el 29 de marzo de 1989 y automáticamente se posicionó en el #1 del

Reino Unido, siendo su mayor éxito de la década. Alcanzó la primera posición en las ventas de Suiza y Nueva Zelanda, pero entró en el TOP 10 de Noruega, Italia, Alemania, Francia, Holanda, Austria y Australia, siendo el disco más vendido durante 1989 en Dinamarca, país donde se grabó y el álbum de Elton John que más se vendió en España, alcanzando el #3 de la lista. En Estados Unidos remontó a un #23, que podría parecernos pobre, pero hay que pensar que el mercado americano duplica al de toda Europa, por lo que no es de extrañar que, con una posición tan modesta, certificara Disco de Platino con más de un millón de copias vendidas. *Sleeping with the Past* fue el primer disco de Elton John que triunfó en Sudamérica, llegando a vender más de 100.000 copias en Brasil, certificando Disco de Oro. Se le adjudicó Disco de Platino en Francia y España, doble Platino en Canadá y Suiza, triple Platino en el Reino Unido con 900.000 copias vendidas y cuádruple Platino en Italia. Cuando se cierra este libro, *Sleeping with the Past* ha vendido más de 8 millones de copias en todo el mundo.

Se editaron cinco singles del álbum: «Healing Hands»/«Sad Songs (Say So Much)» (Live in Verona), en abril de 1989, y una segunda edición en agosto de 1989 con el tema «Dancing in the End Zone» como Cara B; «Sacrifice»/«Love Is a Cannibal», en septiembre de 1989, y una segunda edición en octubre de 1989; «Whispers»/«Medicen Man», en octubre de 1989; «Amazes Me», en diciembre de 1989, solo para promoción radiofónica, y «Club at the End of the Street»/«I Don't Wanna Go on with You Like That» (Live in Verona), en marzo de 1990.

THE ONE (1992)
Rocket Record (Reino Unido)
MCA (EE. UU.)

■ TEMAS
1. «Simple Life»
2. «The One»
3. «Sweat It Out»
4. «Runaway Train»   John, Taupin, Olle Romo
5. «Whitewash County»
6. «The North»
7. «When a Woman Doesn't Want You»
8. «Emily»
9. «On Dark Street»
10. «Understanding Women»
11. «The Last Song»

■ Reedición de PolyGram en 1999, con temas extra.

12. «Suit of Wolves»
13. «Fat Boys and Ugly Girls»

Todos los temas compuestos por Elton John y Bernie Taupin, excepto el indicado.

Vigésimo tercer disco en estudio de Elton John, tras tres años de la edición de su última grabación, *Sleeping With The Past*. En ese periodo de tiempo se editó la caja recopilatoria *To Be Continued*, conteniendo cuatro discos que marcaban su carrera desde la militancia en la banda Bluesology hasta la fecha de su edición, además de otra recopilación llamada *The Very Best Of Elton John*. En la primera de las recopilaciones se grabaron cuatro temas nuevos. Se trata del primer trabajo del Elton John sobrio, desenganchado de la cocaína y del alcohol y recuperado de su bulimia, un Elton John que abandonó

el personaje estrambótico, cabaretero y amante de los excesos de todo tipo y se mostró más adulto, serio y centrado en su carrera y otros aspectos de su vida personal. Un disco dedicado a Vance Buck, empresario americano que fue durante muchos años pareja de Elton John. Aunque el disco se publicó semanas antes de su muerte a causa del sida, el 6 de julio de 1992, el álbum es un profundo homenaje a su persona, incluyendo el tema «The Last Song», que trata sobre la problemática del sida y especialmente dedicado a él y a Ryan White, joven estadounidense que fue infectado con el VIH a través de una transfusión de sangre y sufrió un calvario por la ignorancia de la sociedad biempensante y honrada americana (hablamos de White en otro apartado del libro). Elton John cedió todos los derechos del tema al Ryan White Riley Hospital. Además, el diseño de la portada e interior del álbum corrió a cargo de Gianni Versace, diseñador italiano creador de la marca Versace y amigo íntimo de John y Buck. El disco se grabó entre los meses de noviembre de 1991 y marzo de 1992, bajo la producción de Chris Thomas, que supo darle la sobriedad que se merecía a la nueva etapa de Elton John, pero que visto con la distancia, recurrió demasiado a sintetizadores y sonidos que eran prioritarios en el momento, pero que han erosionado el disco con el paso del tiempo, encontrando algunas canciones desfasadas de producción. El grueso del disco se grabó en los Studio

Guillaume Tell de París, salvo el tema «Runaway Train» que se terminó en los estudios The Town House de Londres, por la participación de Eric Clapton cantando en dueto con John e insertando una pista de guitarra fabulosa, más el tema «Understanding Women», que se finiquitó en los Air Studios de Londres, debido a otra guitarra espectacular que grabó David Gilmour de Pink Floyd. Estas son las colaboraciones estelares del álbum, que cuenta con la participación de antiguos amigos como Guy Babylon, Nigel Olsson y Kiki Dee, más el inseparable Davey Johnstone. El single «The One» se lanzó como adelanto del álbum el 25 de mayo de 1992. No se trata de una de las mejores canciones del álbum, pero el éxito asumido por las dos recopilaciones recientes y las ganas de descubrir la nueva etapa de Elton John provocó un efecto atractivo sobre el tema que obtuvo un estupendo recorrido. Consiguió ser #1 en los *charts* de U.S. Adult Contemporary, así como #1 en Canadá. Alcanzó el #9 en el Billboard Hot 100 americano y el #10 en los *charts* británicos. El 22 de junio se editó el álbum con una extraordinaria campaña promocional de MCA que vendió a un nuevo y rehabilitado Elton John, consiguiendo que en el Reino Unido el álbum entrara directamente al #2, aguantando tres semanas consecutivas, pero sin alcanzar la cima. En Estados Unidos se debió conformar con el #8 del Billboard, pero fue el disco que más copias vendió desde 1975, facturando más de dos millones de ejemplares y certificando Doble Platino. Italia volvió a recibir el disco como el de una leyenda viva de la música, certificando Sexto Disco Platino, seguidos del Triple Platino de Canadá y el Doble Platino de Australia y Suiza. Como curiosidad apuntar que en Francia consiguió el Disco de Platino con más de 500.000 copias vendidas y en España lo hizo con tan solo 100.000.

Se editaron cuatro sencillos de *The One*: «The One»/«Suit of Wolves», «Fat Boys and Ugly Girls», el 25 de mayo de 1992, «Runaway Train»/«Understanding Women» (Extended Mix), el 20 de julio de 1992, «The Last Song»/«The Man Who Never Died» (Remix), el 6 de octubre de 1992 en Estados Unidos y en noviembre del mismo año en el Reino Unido, y «Simple Life», versión recortada en más de 2 minutos, especialmente pensada para las estaciones de radio americanas. Se publicó el 10 de mayo de 1993.

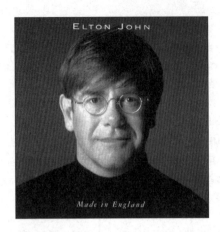

MADE IN ENGLAND (1995)
Rocket Record (Reino Unido)
Island (EE. UU.)

■ TEMAS
1. «Believe»
2. «Made in England»
3. «House»
4. «Cold»
5. «Pain»
6. «Belfast»
7. «Latitude»
8. «Please»
9. «Man»
10. «Lies»
11. «Blessed»

Todos los temas compuestos por Elton John y Bernie Taupin.

Vigésimo cuarto disco en estudio de Elton John, que cambia de productor para asumir él mismo parte de la producción, en colaboración con Greg Penny, músico y productor estadounidense al que conoció tras llevar la producción del tema «Teardrops», que canta junto a K.D. Land en el álbum *Duets*. Han pasado tres años desde *The One*, en los cuales Elton John ha obtenido una gran revalorización musical, gracias al álbum *Duets* (1993) y sobre todo a la banda sonora del film *El rey león* (1994), que además de convertirse en la banda sonora de una cinta de animación que más discos ha vendido, le proporcionó un Globo de Oro, un Óscar y un Grammy. El disco fue grabado entre los meses de febrero y abril de 1994 en los AIR Studios de Londres, propiedad de George Martin, el Quinto Beatle como le llamaba Paul McCartney. Precisamente Martin realiza unos arreglos de cuerdas y viento impresionantes en el tema «Latitude». El resto de arreglos orquestales corren de nuevo a cargo de Paul Buckmaster, tras casi dos décadas de no trabajar para Elton. Buckmaster, en esta ocasión se contiene en sus laboriosos arreglos y se funde en la tónica general del álbum, que busca en todo momento la sencillez, realizando un trabajo fantástico en el tema «Belfast». Precisamente por buscar la sencillez y el sonido más fresco y directo, la mayoría de los temas del disco se grabaron en directo con la banda base al unísono: Elton John, piano, teclados y voz principal. Davey Johnstone, guitarra, mandolina, banjo y coros. Ray Cooper a las percusiones. Charlie Morgan, batería. Bob Birch, bajo y coros. Una vez terminada la grabación se introdujeron las pistas de arreglos orquestales y otros teclados que aparecen en el disco. El lanzamiento del disco fue precedido del single «Believe» el 20 de febrero de 1995, cuando Elton John estaba en plena campaña de promoción de *El rey león*. El tema se convirtió en el decimoquinto single de Elton John en posicionarse en el #1 del Adult Contemporary Chart americano, siendo el artista de pop y rock que más veces ha alcanzado esa posición. Por otra parte ascendió al #13 del Billboard Hot 100, al mismo tiempo que se colaba en el #15 de la lista oficial de singles británicos. «Believe» alcanzó el #1 en Italia y Canadá. El álbum se puso en circulación el 20 de marzo de ese mismo año, posicionando en el #13 del Billboard y vendiendo más de un millón de copias en Estados Unidos como Disco de Platino. En el Reino Unido pisó pódium con el #3, pero se estancó en Disco de Oro con 100.000 copias vendidas. Fue Triple Platino en Italia, Doble Platino en Canadá y Platino en Austria, Suiza y España. El álbum está dedicado a David Furnish, quien por aquel tiempo era novio de John y actualmente es su esposo.

Del álbum se editaron cuatro singles en formato CD: «Believe»/«Sorry Seems to Be the Hardest Word» (live)/«The One» (live), el 20 de febrero de 1995, «Made In England»/«Whatever Gets You Through the Night» (live)/«Lucy in the Sky with Diamonds» (live)/«I Saw Her Standing There» (live), el 8 de mayo de 1995, «Blessed»/«Honky Cat»/«Take Me To The Pilot»/«The Bitch Is Back», el 7 de agosto de 1995, y «Please»/«Belfast»/«Lies», el 8 de enero de 1996.

THE BIG PICTURE (1997)
Rocket Record (Reino Unido)
A&M/Mercury (EE. UU.)

■ TEMAS
1. «Long Way from Happiness»
2. «Live Like Horses»
3. «The End Will Come»
4. «If the River Can Bend»
5. «Love's Got a Lot to Answer For»
6. «Something About the Way You Look Tonight»
7. «The Big Picture»
8. «Recover Your Soul»
9. «January»
10. «I Can't Steer My Heart Clear of You»
11. «Wicked Dreams»

Todos los temas compuestos por Elton John y Bernie Taupin.

Vigésimo quinto álbum de Elton John en estudio y uno de los más flojos de esta década, pero que sin embargo fue un éxito de ventas, marcando una línea de estabilidad comercial del artista, que se ha mantenido hasta nuestros días. John vuelve a contar con Chris Thomas en la producción del disco y prescinde de Paul Buckmaster para los arreglos orquestales, que recaen sobre el teclista de apoyo Guy Babylon y Anne Dudley, compositora británica que ha trabajado con numerosos artistas de pop, así como en el cine. Consiguió ser la primera mujer de la BBC Concert Orquestra. El álbum se grabó entre noviembre de 1996 y mayo de 1997, en los estudios The Town House y AIR Studio, ambos de Londres. *The Big Picture* está dedicado a Gianni Versace, amigo de Elton John que fue asesinado el 15 de julio de 1997, cuando el máster del disco estaba a punto de entrar en fábrica. El 2 de diciembre de 1996, en pleno proceso de grabación del álbum se lanzó el tema «Live Like Horses», cantada a dúo con Luciano Pavarotti. Un tema que Bernie Taupin dedicaba a su padre, que había fallecido recientemente. El tema se había grabado para incluirlo en *Made In England*, pero problemas de última hora lo impidieron. El single fue un éxito en Europa, alcanzando el #9 en el Reino Unido, mientras que en Estados Unidos no entró en el Billboard Hot 100. El álbum se editó el 22 de septiembre de 1997, marcado por el fallecimiento en un accidente automovilístico en París de la Princesa Diana de Gales, el 31 de agosto, mientras escapaba a gran velocidad de los *paparazzi*. Elton John, amigo personal de Diana, interpretó en el funeral, el 6 de septiembre, una adaptación reescrita de su tema «Candle in the Wind», tema que había incluido en el álbum de 1973 *Goodbye Yellow Brick Road*, y que en principio estaba dedicado a Marilyn Monroe. El tema se conoce como «Goodbye England's Rose» o «Candle in the Wind 1997». La discográfica tenía la intención de editar el single «Something About the Way You Look Tonight» para promocionar el lanzamiento del álbum, de hecho, ya tenía planchadas algunas copias que se publicaron junto a «I Know Why I'm in Love» y «No Valentines», pero Elton John con la producción de George Martin regrabaron «Candle in the Wind 1997» y se publicó como cara B del sencillo «Something About the Way You Look Tonight», en homenaje a Diana y cediendo todos los beneficios del single a organizaciones benéficas en las que colaboraba la Princesa de Gales. El single se convirtió en el segundo sencillo más vendido de todos los tiempos, por detrás de «White Christmas», grabado por Bing Crosby en 1942. En Inglaterra entró directamente al #1, llegando a ser el single más vendido en la historia de los *charts* británicos. En Estados Unidos llego al #1 en octubre, aguantando durante 14 semanas y siendo el single más vendido de la historia del Billboard Hot 100. El single consiguió ser #1 en 26 países incluyendo España. Con estas cifras es poco destacable el resto del trabajo, eclipsado por un tema que no está incluido en el mismo. Musicalmente, *The Big Picture* es monótono, pretencioso, no arriesga y se queda en una buena producción de adaptación a una fase de la carrera de Elton John donde la calidad se basa más en el prestigio del artista que en la música que ofrece. El álbum alcanzó el #9 en Estados Unidos y el #3 en el

Reino Unido, funcionando muy bien en países donde John tiene un público asegurado como Italia, España, Francia, Australia y Canadá. Las cifras generales de ventas superan los 3 millones de copias en todo el mundo, números que sacarían los colores a rutilantes estrellas del pop rock, pero que en el caso de Elton John son modestos.

Se editaron cinco singles del álbum: «Live Like Horses»/«Live Like Horses» (Live Finale Version)/«Step Into Christmas»/«Blessed», firmado como Elton John & Luciano Pavarotti y publicado el 2 de diciembre de 1996; «Something About the Way You Look Tonight»/«I Know Why I'm in Love»/«No Valentines», el 13 de septiembre de 1997; «Something About the Way You Look Tonight»/«Candle in the Wind 1997»/«You Can Make History (Young Again)», el 13 de septiembre de 1997; «Recover Your Soul» (Single Remix)/«Big Man In A Little Suit» /«I Know Why I'm In Love»/«Recover Your Soul» (Album Version), el 2 de febrero de 1998, y «If the River Can Bend» (Edit Single) /«Bennie And The Jets»/«Saturday Night's Alright For Fighting»/«If the River Can Bend», el 1 de junio de 1998.

SONGS FROM THE WEST COAST (2001)

Rocket Record (Reino Unido)
Mercury (EE. UU.)

■ TEMAS

1. «The Emperor's New Clothes»
2. «Dark Diamond»
3. «Look Ma, No Hands»
4. «American Triangle»
5. «Original Sin»
6. «Birds»
7. «I Want Love»
8. «The Wasteland»
9. «Ballad of the Boy in the Red Shoes»
10. «Love Her Like Me»
11. «Mansfield»
12. «This Train Don't Stop There Anymore»

■ En el año 2002 se editó de nuevo, sin remasterizar pero con temas extra y colaboraciones.

13. «**Your Song**» Junto a Alessandro Safina
14. «**Teardrops**» Junto a Lulu
15. «The North Star»
16. «**Original Sin**» (Junior's Earth mix)
17. «**Your Song**» (Almighty mix) Junto a Alessandro Safina

■ Se añadieron tres pistas de vídeo con los videoclips de «I Want Love», «This Train Don't Stop There Anymore» y «Your Song».

Todos los temas compuestos por Elton John y Bernie Taupin. En los temas de 2002, solo se indican las colaboraciones y el tipo de mezcla.

Se trata del vigésimo sexto álbum de estudio de Elton John. *Songs from the West Coast* es sin lugar a dudas la mejor manera de entrar en el siglo XXI, con un trabajo que vuelve a rescatar los sonidos de los discos clásicos de los años setenta, más concretamente a las obras que tenían una fuerte influencia americana; *Tumbleweed Connection, Madman Across the Water* y *Honky Château*. Lo primero que encontramos es que John abandona el teclado eléctrico y regresa al piano, lo que dota de cuerpo a las melodías y genera una atmósfera más cercana al sonido clásico. John escogió a Patrick Leonard como productor, quien había trabajado especialmente con Madonna, y se encerró en los Ocean Way Studios de Los Ángeles, en varios periodos entre septiembre de 2000 y abril de 2001. Un estudio con una segunda ubicación en Nashville, y que había sido especialmente prolífico en los años sesenta, con grandes grabaciones de country y folk. Vuelve a trabajar Paul Buckmaster para los arreglos orquestales, eludiendo en esta ocasión la sobreproducción de los temas y dejándolos libres de corsés. Las letras de Taupin son de las mejores que ha podido escribir desde mediados de los setenta y todo ello confluye en un disco sorprendente, cargado de emotividad, donde Elton John está pletórico. Cuenta con las colaboraciones de Stevie Wonder tocando la armónica en «Dark Diamond»; Rufus Wainwright pone los coros en «American Triangle». El álbum se publicó el 1 de octubre de 2001, recibiendo el aplauso de la crítica especializada, que coincide con el regreso de Elton John al sonido clásico. En Estados Unidos alcanzó el #15 del Billboard y a pesar de ser un disco netamente americano, funcionó mejor en el Reino Unido donde alcanzó el #2. *Songs from the West Coast* no alcanzó ningún número uno, pero entró en el Top Ten de ocho países, vendiendo casi tres millones de discos a nivel mundial. Tan solo en Europa se vendieron más de un millón de ejemplares, en Estados Unidos medio millón alcanzando el Disco de Oro, mientras que en el Reino Unido se certificó como Doble Platino. A pesar de ser un disco sin singles comerciales, en España alcanzó el #21. Cabe destacar que para los videoclips, se optó por la participación de personajes populares. En «I Want Love» fue Robert Downey Jr. quien hizo un *play back* del tema, en «This Train Don't Stop There Anymore» Justin Timberlake interpretaba a un jovencito Elton John, y en «Original Sin» Elizabeth Taylor y Mandy Moore, compartían protagonismo con John. El disco está dedicado a la memoria de Oliver

Johnstone, hijo de Davey Johnstone, guitarrista de Elton John, que falleció durante el proceso de composición y grabación. Al mismo tiempo rinde tributo a Matthew Shepard, un estudiante de 19 años que el 6 de octubre de 1998 fue golpeado brutalmente, torturado, atado a un árbol donde permaneció 18 horas en coma, muriendo seis días más tarde en el Hospital Poudre Valley de Fort Collins, Colorado. Sus dos asesinos (Aaron McKinney y Russell Henderson) fueron condenados a cadena perpetua, al demostrarse que el asesinato había sido por su condición de homosexual. Taupin escribió una letra desgarradora, «American Triangle», donde vuelca las sensaciones del asesinato por odio de Matthew Shepard. Otro de los temas estrella del álbum es «Ballad of the Boy in the Red Shoes», denuncia social realizada desde la perspectiva de un joven víctima del sida en la América ignorante de Ronald Reagan.

Se editaron tres sencillos de *Songs from the West Coast*: «I Want Love»/«The North Star», a finales de 2001; «This Train Don't Stop There Anymore»/«Did Anybody Sleep With Joan of Arc»/«I Want Love» (Live), a finales de 2001; «This Train Don't Stop There Anymore»/«American Triangle» (live)/«Philadelphia Freedom» (live), a principios de 2002; «Original Sin»/«I'm Still Standing» (live)/«This Train Don't Stop There Anymore» (live), single editado solo en el Reino Unido en 2002; «Original Sin»/«Original Sin» (live) / «All the Girls Love Alice» (live), segundo single solo editado en el Reino Unido el 1 de abril de 2002, y «Original Sin» (Junior's Earth Mix)/«Original Sin» (Junior's Earthbeats)/«Original Sin» (Junior's Earthdub)/«Original Sin» (Junior's Earthstrumental), single de remezclas solo editado en Estados Unidos el 1 de abril de 2002.

PEACHTREE ROAD (2004)
Rocket Record (Reino Unido)
Universal (EE. UU.)

■ **TEMAS**
1. «Weight of the World»
2. «Porch Swing in Tupelo»
3. «Answer in the Sky»
4. «Turn the Lights Out When You Leave»
5. «My Elusive Drug»
6. «They Call Her the Cat»
7. «Freaks in Love»
8. «All That I'm Allowed»
9. «I Stop and I Breathe»
10. «Too Many Tears»
11. «It's Getting Dark in Here»
12. «I Can't Keep This from You»

■ Se publicó una edición especial con temas extra en 2005.
13. «The Letter»   John, Lee Hall
14. «Merry Christmas Maggie Thatcher»   John, Hall
15. «Electricity»   John, Hall

■ Edición de 2005 con un DVD conteniendo la grabación del concierto *Live At The Tabernacle* en Atlanta, en noviembre de 2004.
1. «Weight of the World»
2. «Porch Swing in Tupelo»
3. «Answer in the Sky»
4. «Turn the Lights Out When You Leave»
5. «My Elusive Drug»
6. «They Call Her the Cat»
7. «Freaks in Love»

8. «All That I'm Allowed»
9. «I Can't Keep This from You»

Todos los temas del álbum compuestos por Elton John y Bernie Taupin. Los temas adicionales de la edición de 2005 están compuestos por Elton John (Música) y Lee Hall (letras). Pertenecen a la banda sonora de la película *Billy Elliot*.

Peachtree Road es el vigésimo séptimo álbum en estudio de Elton John y el primero de su carrera que encara la totalidad de la producción. Tras el éxito multiplatino de *Songs from the West Coast*, John vuelve a sorprender con un regreso al pasado para seguir caminando hacia adelante, en un momento en el que la crítica se pensaba que se quedaría relegado a componer bandas sonoras de películas de animación. Buscando la estabilidad necesaria para una obra pausada, alejada de condescendencias comerciales y posiblemente muy íntima a nivel musical, Elton John se rodeó de un equipo familiar formado por Davey Johnstone –guitarra–, Nigel Olsson –batería–, Guy Babylon –Hammond– y Bob Birch –bajo–, encerrándose el mes de enero de 2004 en Tree Studios de Atlanta, donde grabó prácticamente todo el álbum bajo su propia idea de producción sonora. Más tarde en los Record Plant de Los Ángeles y en los Silent Sound de Atlanta, cerraron las pistas de arreglos y músicos adicionales. Entre las colaboraciones más interesantes encontramos a la sección de vientos de Chicago, con James Pankow, Lee Loughnane y Walter Parazaider, aportando trombón, trompeta y saxofón respectivamente; al mismo tiempo debemos remarcar el *pedal steel* de John Jorgenson, músico estadounidense proveniente de la banda The Hellecasters que estuvo colaborando con John durante seis años, tanto en estudio como en directo. Todo el álbum está dirigido hacia al sonido americano, pero con un tamiz de A.O.R (rock orientado a adultos) que tanto le ha funcionado en las emisoras de Radio Adult Contemporary que dominan la geografía americana. La producción es sencilla, pero en la mayoría de los temas eficaz, aunque se queda perdido el piano en algunas tomas. El álbum se publicó el 9 de noviembre de 2004, y aunque recibió muy buenas críticas, debido a la solidez de la propuesta y la calidad de los temas, es uno de los discos que menos ha vendido de su carrera. *Peachtree Road* alcanzó el #17 en Estados Unidos y el #21 en el Reino Unido, desapareciendo de la mayoría de *charts* donde habitualmente aparecía. Certificó como Disco de Oro en Estados Unidos, Reino Unido y Suiza. El álbum está dedicado a la memoria de Gus Dudgeon y su esposa Sheila, que el 21 de julio de 2002 fallecieron en un accidente automovilístico. Gus ha producido numerosos trabajos de John y en 1973 fundó The Rocket Record Company, junto con Elton John, Bernie Taupin y Steve Brown.

Del álbum se editaron varios singles: «Answer in the Sky», single promocional editado en 2004, solo en Estados Unidos; «All That I'm Allowed»/«Nice And Slow», editado en 2004; «Turn the Lights Out When You Leave»/«Things Only Get Better With Love», editado en 2005 solo en Europa, y «Electricity»/«Indian Sunset», el 14 de septiembre de 2005.

THE CAPTAIN & THE KID
(2006)

Interscope / Mercury

■ **TEMAS**
1. «Postcards from Richard Nixon»
2. «Just Like Noah's Ark»
3. «Wouldn't Have You Any Other Way (NYC)»
4. «Tinderbox»
5. «And the House Fell Down»
6. «Blues Never Fade Away»
7. «The Bridge»
8. «I Must Have Lost It on the Wind»
9. «Old '67»
10. «The Captain and the Kid»
■ Bonus track
11. «Across the River Thames»

Todos los temas del álbum compuestos por Elton John y Bernie Taupin. El tema «Across the River Thames» se publicó como *bonus track* en la edición americana y como descarga gratuita en la europea. Con la llegada del nuevo siglo y la limpieza a la que se sometió Elton John, tanto física como mentalmente, su música ha registrado un notable retroceso al pasado. *Songs from the West Coast* (2001), fue un resurgir de la serenidad; *Peachtree Road* (2004) encontró un equilibrio entre las vivencias y el presente; *The Captain & the Kid*, presenta una secuela del álbum de 1975 *Captain Fantastic And The Brown Dirt Cowboy*, uno de los momentos más brillantes de su luminosa carrera. Si en aquella ocasión se narraban las vicisitudes de la pareja John/Taupin y su guerra contra los molinos de viento de la industria discográfica de la época, ahora mucho más resabiados, narra con benevolencia el circuito de experiencias que han ayudado a su subsistencia musical y personal. Historias no demasiado demacradas y envueltas en papel de celofán, para que todos los públicos puedan asimilarlas sin heridas abiertas, pero con un nivel de calidad muy alto. Estamos hablando de un Elton John que ha sentado la cabeza y que como si de un rey Midas se tratara, a sabiendas que todo lo que toca lo convierte en oro, respira y hace las cosas sin precipitación, sin metas y con sabiduría. *The Captain & the Kid* es un excelente disco, que peca de sentimentalismo en ocasiones, pero que reafirma el tándem John/Taupin como un poderoso binomio musical, con casi cuatro décadas de éxitos y fracasos. Elton John apostó por repetir producción, pero en este caso apoyado por Matt Still, que había sido ingeniero de sonido de *Peachtree Road* y productor de recopilaciones y bandas sonoras. También repitió en Atlanta, pero cambió de estudios, ingresando en los Center Stage. La banda estaba plenamente consolidada por lo que se decidió grabar los temas en directo dentro del estudio, buscando la sencillez y calidad del momento. El álbum se publicó el 18 de septiembre de 2006 y obtuvo una mejoría notable en la recepción por parte del público frente a su antecesor, *Peachtree Road*. En Estados Unidos se posicionó en el #18, pero rápidamente se descolgó a los pocos días desapareciendo en el fondo de los *charts*. Tan solo se mantuvo impasible durante un par de semanas en el *ranking* de discos de rock con un loable #7. Fue mejor acogido en el Reino Unido alcanzando el #6 y logrando sindicarse como Disco de Plata. Elton John tuvo problemas con el sello Interscope y en concreto con la campaña de promoción, o mejor dicho, la falta de ella. El sello decidió que no se lanzaría ningún single del álbum y tan solo se realizó una tirada de copias para radios del tema «The Bridge». Esta disputa entre John y el sello provocó la ruptura entre ambos. En *The Captain & the Kid* se despiden dos miembros de la banda de Elton John, Guy Babylon, que falleció en 2009 y Bob Birch, que murió en el 2012.

THE DIVING BOARD (2013)
Mercury (EE. UU./ Canadá)
Capitol (Reino Unido
/ Internacional)

■ TEMAS
1. «Oceans Away»
2. «Oscar Wilde Gets Out»
3. «A Town Called Jubilee»
4. «The Ballad of Blind Tom»
5. «Dream #1» (Instrumental interlude)
6. «My Quicksand»
7. «Can't Stay Alone Tonight»
8. «Voyeur»
9. «Home Again»
10. «Take This Dirty Water»
11. «Dream #2» (Instrumental interlude)
12. «The New Fever Waltz»
13. «Mexican Vacation (Kids in the Candlelight)»
14. «Dream #3» (Instrumental interlude)
15. «The Diving Board»

- Edición Deluxe con temas extra.

16. «Candlelit Bedroom»
17. «Home Again» (Live from Capitol Studios)
18. «Mexican Vacation (Kids in the Candlelight) » (Live from Capitol Studios)
19. «The New Fever Waltz» (Live from Capitol Studios)

- Edición Super Deluxe conteniendo DVD de temas grabados en directo, llamado *Live From Capitol Recording Studios*.

20. «T-Bone Burnett introduction»
21. «The New Fever Waltz»
22. «Mexican Vacation (Kids in the Candlelight)»
23. «Home Again»
24. «Behind The Diving Board with Elton John»
25. «Closing credits»

- Se realizó una edición limitada para Estados Unidos y Japón, similar a la Deluxe Version, pero con tres temas más. «Gauguin Gone Hollywood», «5th Avenue» y «Home Again» (Live from Capitol Studios).

Todos los temas compuestos por Elton John y Bernie Taupin.

Vigésimo noveno álbum de Elton John en estudio, que significó el regreso más profundo a sus raíces, un disco pensado para ser ejecutado al piano y con una banda base de acompañamiento. El trabajo no contó con los músicos habituales de Elton John por segunda ocasión, sin embargo el experimento no fue tan amargo como *Victim Of Love* de 1979, aquel engendro de música disco. Aquí el resultado es brillante y valorado por la crítica musical, no así por el público que no acabó de reaccionar con entusiasmo. Musicalmente es uno de los mejores trabajos de John, no solo de este siglo, de toda su carrera. No obstante, la ausencia de singles claros y comerciales y el canibalismo de la industria musical de este siglo, donde no existen discos clásicos, perjudicó el reconocimiento de la obra y su perpetuidad en el tiempo, aunque no tenga nada que envidiar a los míticos discos de los setenta.

Elton John trabajó con T-Bone Burnett como productor, con quien construyó el disco *The Union* junto a su admirado Leon Russell. Burnett apostó por la simplificación de los temas, basando su hilo conductor en el piano de John y el resultado es formidable. Los músicos se embarcaron en la grabación del disco en enero de 2012 y el dueto John/Taupin tenía en dos días compuesto todo el disco. Se grabó y mezcló rápidamente, para editarlo en otoño de ese mismo año, pero surgieron los problemas. Tras varias escuchas del trabajo, John fue invadido por las dudas, algunos de los temas del disco no le encajaban en su concepto de álbum y consideraba que eran mediocres. La edición sufrió varios retrasos, hasta el punto de llegar a pensarse que sería un disco fantasma que no se editaría nunca. Para remover más la incertidumbre Taupin declaró que el nombre del disco había cambiado de *The Diving Board* a *Voyeur*, para más tarde desmentirse y negar el cambio. Desaparecieron algunas canciones como «5th Avenue» y «Gauguin Gone Hollywood» que terminaron viendo la luz en una edición limitada para Estados Unidos y Japón. En enero de 2013, un año después de haber terminado el disco, Elton John volvió a entrar en los mismos estudios The Village de Los Ángeles con el mismo productor. Se grabaron diferentes versiones de algunos temas y otras canciones nuevas, dando un enfoque más sólido al piano que, ahora sí, fue el protagonista del disco. El álbum se publicó el 13 de septiembre de 2013, y obtuvo excelentes críticas y una masiva respuesta del público, que se transformó en cifras espectaculares de ventas en su primera semana de vida. *The Diving Board* vendió en cinco días más de 22.000 copias en Inglaterra y por encima de 47.000 en Estados Unidos. Eso supuso el #3 en el Reino Unido y el #4 en el Billboard americano. La euforia pasó rápidamente al desengaño, de un público que quizás esperaba más al Elton John post Lady Di, que no un regreso tan crudo y desnudo a los orígenes, por lo que se desplomó en las listas. Tan solo pudo certificar el Disco de Plata en el Reino Unido y los únicos países que lo colocaron dentro de su Top 10 fueron Suiza, Noruega, Dinamarca, Croacia y Canadá. Del álbum se editaron versiones diferentes a las señaladas anteriormente para marcas comerciales como Amazon, Target, Best Buy y la más curiosa, una versión incluyendo el DVD *Live en Bud Walton Arena en Fayetteville*, AR, de junio de 2013 solo para los accionistas de Walmart.

Los singles editados de *The Diving Board* fueron: «Home Again» (Radio Edit)/«Home Again», el 24 de junio de 2013, «Mexican Vacation (Kids in the Candlelight)» (solo promo), el 28 de agosto de 2013 y «Can't Stay Alone Tonight» (solo promo), en marzo de 2014.

WONDERFUL CRAZY NIGHT (2016)

Mercury (EE. UU./Canadá)
Virgin EMI, Island (Reino Unido/Internacional)

■ **TEMAS**
1. «Wonderful Crazy Night»
2. «In the Name of You»
3. «Claw Hammer»
4. «Blue Wonderful»
5. «I've Got 2 Wings»
6. «A Good Heart»
7. «Looking Up»
8. «Guilty Pleasure»
9. «Tambourine»
10. «The Open Chord»
■ Versión Deluxe editada el mismo año con temas extra.
11. «Free and Easy»
12. «England and America»
■ Versión Super Deluxe.
13. «Free and Easy»
14. «Children's Song»
15. «No Monsters»
16. «England and America»

Todos los temas compuestos por Elton John y Bernie Taupin.

Wonderful Crazy Night es el trigésimo álbum de estudio de Elton John y último publicado en el momento del cierre de este libro. Repite T Bone Burnett en las tareas de producción, compartidas con el propio John. El álbum se grabó de nuevo en los The Village Studios de Los Ángeles y aunque las sesiones abarcaron los meses de enero

a abril de 2015, el trabajo se compuso y grabó en 17 días. Es un nuevo intento de reconciliarse con el pasado, con discos clásicos como
Honky Château de 1972 y *Goodbye Yellow Brick Road* de 1973. La
música es más colorista y menos alocada que en los trabajos men-
cionados, pero el espíritu es similar, cerrando por el momento una
carrera que con los altibajos que hemos podido ver, termina con
coherencia y calidad. Ya comprobaremos qué nos depara el futuro.
El álbum se editó el 5 de febrero de 2016, siendo muy bien recibido
por la crítica. Revistas como *Rolling Stone* escribieron que podría
ser uno de los mejores discos de Elton John, sin embargo estamos
en una época en la cual los clásicos que permanecen, tienen más
un pie en la nostalgia que en el interés general del público, preocu-
pado por la música de rápido consumo y más fácil olvido. En este
disco John vuelve a contar con antiguos amigos, músicos que dejaron su impronta en numerosos trabajos y que aquí vuelven a tener
protagonismo. Davey Johnstone, Neil Olsson y Ray Cooper, vuelven
a configurar el esqueleto de una poderosa banda, que nunca de-
fraudó en estudio ni sobre un escenario. Kim Bullard en teclados
que reemplazan a Guy Babylon, y Matt Bissonette reemplaza a Bob
Birch al bajo. El álbum alcanzó un más que meritorio #8 en el Billboard americano y un #6 en el Reino Unido, pero todavía es demasiado pronto para averiguar su rendimiento en ventas.

De *Wonderful Crazy Night* se editaron varios singles: «Looking
Up» (Single promocional), el 22 de octubre de 2015, «Wonderful
Crazy Night» (Single promocional), el 15 de diciembre de 2015,
«Blue Wonderful» (Single promocional), el 29 de enero de 2016, y «A
Good Heart» (Single promocional), el 25 de mayo de 2016.

DISCOS OFICIALES EN DIRECTO

11-17-70 (1970)
DJM (Reino Unido)
UNI (EE. UU.)

■ **TEMAS**

1. «Bad Side of the Moon»
2. «Amoreena»
3. «Take Me to the Pilot»
4. «Sixty Years On»
5. «Honky Tonk Women»   Mick Jagger/Keith Richards
6. «Can I Put You On»
7. «Burn Down the Mission»
8. «My Baby Left Me»   Arthur Crudup
9. «Get Back»   John Lennon/Paul McCartney

Todas las canciones compuestas por Elton John
y Bernie Taupin, salvo las indicadas.

Es el primer disco oficial en vivo de Elton John, grabado el 17 de noviembre de 1970 en los A&R Recording Studios de Nueva York, y retransmitido en directo por la estación de radio WABC-FM. Se editó el 9 de abril del mismo año, tras la producción y mezclas de Gus Dudgeon. Las ventas del disco no fueron excesivamente buenas por varios motivos. Primero porque en el momento de su edición Elton John tenía tres discos en el mercado, Elton John, Tumbleweed Connection y la banda sonora de *Friends*. En segundo lugar y más importante, es porque surgió un *bottle* con 60 minutos del concierto que se vendió excelentemente y mermó las ventas del disco oficial. El orden de canciones reflejado arriba es de la edición de 1996 por Rocket Records, que incluye el tema «Amoreena» no incluido en el disco original. Los músicos que acompañaban a Elton John eran Dee Murray al bajo y Nigel Olsson a la batería; todavía no se había incorporado Davey Johnstone como guitarrista. Dave Herman, *speaker* que presenta a la banda al principio del disco, contó que John se cortó en una mano durante las pruebas de sonido, por lo que las teclas del piano al finalizar el concierto estaban completamente ensangrentadas. John ha declarado en numerosas ocasiones que lo considera su mejor álbum en vivo.

HERE AND THERE (1976)
DJM (Reino Unido)
MCA (EE. UU.)

■ **TEMAS**
■ **CARA HERE**
1. «Skyline Pigeon»
2. «Border Song»
3. «Honky Cat»
4. «Love Song» (with Lesley Duncan)   Duncan
5. «Crocodile Rock»

■ **CARA THERE**

6. «Funeral for a Friend» John / «Love Lies Bleeding»
7. «Rocket Man (I Think It's Going to Be a Long, Long Time)»
8. «Bennie and the Jets»
9. «Take Me to the Pilot»

■ Reedición de Mercury Records en 1996 con temas extra.

1. «Skyline Pigeon»
2. «Border Song»
3. «Take Me to the Pilot»
4. «Country Comfort»
5. «Love Song» (con Lesley Duncan)   Duncan
6. «Bad Side of the Moon»
7. «Burn Down the Mission»
8. «Honky Cat»
9. «Crocodile Rock»
10. «Candle in the Wind»
11. «Your Song»
12. «Saturday Night's Alright for Fighting»
13. «Funeral for a Friend» John / «Love Lies Bleeding»
14. «Rocket Man (I Think It's Going to Be a Long, Long Time)»
15. «Take Me to the Pilot»
16. «Bennie and the Jets»
17. «Grey Seal»
18. «Daniel»
19. «You're So Static»
20. «Whatever Gets You thru the Night» (con John Lennon)   Lennon
21. «Lucy in the Sky with Diamonds» (con John Lennon)   Lennon, McCartney
22. «I Saw Her Standing There» (con John Lennon)   Lennon, McCartney
23. «Don't Let the Sun Go Down on Me»
24. «Your Song»
25. «The Bitch Is Back»

Segundo álbum en vivo de Elton John, que se propuso para cerrar el contrato discográfico con DJM Records y comenzar a editar bajo su propio sello Rocket Records. Se grabó en dos lugares diferentes, la cara «Here» se registró el 18 de mayo de 1974 en el Royal Festival Hall de Londres, mientras que la cara «There», refleja el concierto del 28 de noviembre de ese mismo año. El álbum se publicó el 30 de abril de 1976, pero no fue hasta su versión de 1996 cuando se pudo escuchar una amplia representación de los dos días. *Here And There* pasará a la historia por ser el álbum que incluye la última actuación en vivo de John Lennon antes de que lo asesinaran. Hay dos versiones del tema «Your Song», porque Gus Dudgeon pensó que eran lo suficientemente diferentes como para ir en el mismo álbum.

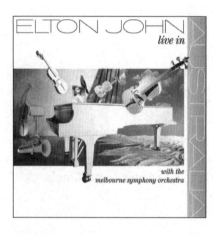

LIVE IN AUSTRALIA WITH THE MELBOURNE SYMPHONY ORCHESTRA (1987)

Rocket Records (Reino Unido)
MCA (EE. UU.)
ABC/ WARNER (Australia)

■ TEMAS

1. «Sixty Years On»
2. «I Need You to Turn To»
3. «The Greatest Discovery»
4. «Tonight»
5. «Sorry Seems to Be the Hardest Word»
6. «The King Must Die»
7. «Take Me to the Pilot»
8. «Tiny Dancer»
9. «Have Mercy on the Criminal»
10. «Madman Across the Water»
11. «Candle in the Wind»
12. «Burn Down the Mission»
13. «Your Song»
14. «Don't Let the Sun Go Down on Me»

Tercer álbum en directo de Elton John, grabado el 14 de diciembre de 1986 en Sydney, Australia. Se trata del último concierto en que Elton John lució los estrafalarios disfraces que le hicieron popular en los años sesenta y setenta. También es el último *show* antes de someterse a una cirugía de garganta que le bajó en rango de la voz. Los *shows* se dividían en una primera parte en la que John estaba arropado por su banda del momento, y una segunda en la que eran los 88 músicos de la Melbourne Symphony Orchestra los que se posicionaban detrás del piano. James Newton Howard realizó todos los arreglos de orquesta y en algún tema tuvo que componerlos de nuevo, ya que los que en su día escribió Paul Buckmaster eran para una sección orquestal reducida. Existe una versión de Laser Disc con dos discos, uno primero con el *show* de John con su banda y el segundo con la orquesta. La grabación la supervisó Clive Franks y la producción la ejecutó Gus Dudgeon en Wisseloord Studios en los Países Bajos.

ONE NIGHT ONLY. THE GREATEST HITS LIVE (2000)

Universal
Rocket Records
Mercury Records

■ TEMAS

1. **«Goodbye Yellow Brick Road»**
2. **«Philadelphia Freedom»**
3. **«Don't Go Breaking My Heart»** con Kiki Dee
4. **«Rocket Man (I Think it's Gonna be a Long, Long Time)»**
5. **«Crocodile Rock»**
6. **«Sacrifice»**
7. **«Can You Feel the Love Tonight»**   Elton John/Tim Rice
8. **«Bennie and the Jets»**
9. **«Your Song»** con Ronan Keating
10. **«Sad Songs (Say So Much)»** con Bryan Adams
11. **«Candle in the Wind»**
12. **«Saturday Night's Alright for Fighting»** con Anastacia
13. **«I'm Still Standing»**
14. **«Don't Let the Sun Go Down on Me»**
15. **«I Guess That's Why They Call It the Blues»** con Mary J. Blige
                    John/Davey Johnstone/Bernie Taupin

Todas las canciones compuestas por Elton John y
Bernie Taupin menos donde se indica.

El proyecto incluía un disco en directo y un vídeo de las actuaciones. Se registraron los conciertos del 20 y 21 de octubre de 2000 en el Madison Square Garden de Nueva York, pero el audio del primer día quedó inservible debido a interferencias de los equipos de grabación de vídeo que fueron ubicados lejos de la mesa de sonido al día siguiente. De ahí que el título sea *One Night Only*. El DVD se editó con más temas adicionales y se llamó *One Night Only: The Greatest Hits Live at Madison Square Garden*. La banda de Elton John estaba compuesta por Davey Johnstone y John Jorgenson a las guitarras, Bob Birch al bajo, Guy Babylon a los teclados, Nigel Olsson y Curt Bisquera con doble batería, John Mahon y Michael Healea al doble set de percusión y los coristas Ken Stacey y Billy Trudel. Además contaron como invitados para cantar algunos temas con Kiki Dee, Ronan Keating, Bryan Adams, Anastacia, Mary J. Blige y Billy Joel, que solo sale en el DVD. El álbum se editó el 13 de noviembre de 2000 y en menos de seis meses certificó Disco de Oro en Estados Unidos.

GRABACIONES RECOMENDADAS

THE THOM BELL SESSIONS (1979)

Rocket Records (Reino Unido)
MCA (EE. UU.)

■ **TEMAS**

1.	«Three Way Love Affair»	LeRoy Bell, Casey James
2.	«Mama Can't Buy You Love»	L. Bell, James
3.	«Are You Ready for Love»	L. Bell, Thom Bell, James

■ En 1989 se reeditó bajo el nombre de The Complete Thom Bell Sessions

1.	«Nice and Slow»	Elton John, Bernie Taupin, T. Bell
2.	«Country Love Song»	Joseph Jefferson
3.	«Shine on Through»	John, Gary Osborne
4.	«Mama Can't Buy You Love»	L. Bell, James
5.	«Are You Ready for Love»	L. Bell, T. Bell, James
6.	«Three Way Love Affair»	L. Bell, James

En un momento en el que John se había quedado sin banda, colaboró con Thom Bell, prestigioso productor de R&B y uno de los creadores del sonido Filadelfia. En el proyecto se iban a incorporar nuevos letristas y debería haberse convertido en un álbum completo, pero las malas relaciones surgidas en el proceso impidieron que llegara a buen término. Se editó un EP en 1979 y diez años más tarde la totalidad de los temas grabados. El trabajo es interesante por la forma de cantar de John, que baja el tono de su voz tras aceptar el consejo de Bell.

TWO ROOMS. CELEBRATING THE SONGS OF ELTON JOHN & BERNIE TAUPIN (1991)

Polydor

■ TEMAS E INTÉRPRETES

1.	«Border Song»	Eric Clapton
2.	«Rocket Man (I Think It's Going to Be a Long, Long Time)»	Kate Bush
3.	«Come Down in Time»	Sting
4.	«Saturday Night's Alright for Fighting»	The Who
5.	«Crocodile Rock»	The Beach Boys
6.	«Daniel»	Wilson Phillips
7.	«Sorry Seems to Be the Hardest Word»	Joe Cocker
8.	«Levon»	Jon Bon Jovi
9.	«The Bitch is Back»	Tina Turner
10.	«Philadelphia Freedom»	Hall & Oates
11.	«Your Song»	Rod Stewart
12.	«Don't Let the Sun Go Down on Me»	Oleta Adams
13.	«Madman Across the Water»	Bruce Hornsby
14.	«Sacrifice»	Sinéad O'Connor
15.	«Burn Down the Mission»	Phil Collins
16.	«Tonight»	George Michael

Álbum tributo a Bernie Taupin y Elton John, se editó en formato vinilo doble con un elenco fantástico de músicos, pero que sin embargo no consiguieron superar los temas originales. Tan solo el tema «Rocket Man (I Think It's Going to Be a Long, Long Time)», con cierta inclinación al reggae, interpretado por Kate Bush, despuntó alcanzando el #12 en el Reino Unido y el #2 en Australia. El disco vendió un millón de copias en EE. UU., certificando Disco de Platino, y 300.000 copias en Inglaterra, siendo Disco de Platino por la diferencia de criterios de concesión.

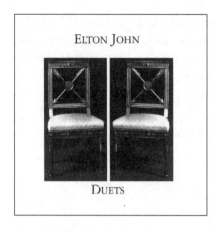

DUETS (1993)
Rocket Records (Reino Unido)
MCA (EE. UU.)

■ TEMAS

1.	**«Teardrops»** (con k.d. lang)	Cecil Womack, Linda Womack
2.	**«When I Think About Love (I Think About You)»** (con P.M. Dawn)	Attrell Cordes
3.	**«The Power»** (con Little Richard)	Elton John, Bernie Taupin
4.	**«Shakey Ground»** (con Don Henley)	Jeffrey Bowen, Al Boyd, Eddie Hazel
5.	**«True Love»** (con Kiki Dee)	Cole Porter
6.	**«If You Were Me»** (con Chris Rea)	Chris Rea
7.	**«A Woman's Needs»** (con Tammy Wynette)	Elton John, Bernie Taupin
8.	**«Old Friend»** (con Nik Kershaw)	Nik Kershaw
9.	**«Go On and On»** (con Gladys Knight)	Stevie Wonder
10.	**«Don't Go Breaking My Heart»** (con RuPaul)	Ann Orson, Carte Blanche
11.	**«Ain't Nothing Like the Real Thing»** (con Marcella Detroit)	Nickolas Ashford, Valerie Simpson
12.	**«I'm Your Puppet»** (con Paul Young)	Spooner Oldham, Dan Penn
13.	**«Love Letters»** (con Bonnie Raitt)	Edward Heyman, Victor Young
14.	**«Born to Lose»** (con Leonard Cohen)	Ted Daffan
15.	**«Don't Let the Sun Go Down on Me»** (live, with George Michael)	Elton John, Bernie Taupin
16.	**«Duets for One»**	Elton John, Chris Difford

Grabado entre agosto y octubre de 1993, pretendía ser un disco navideño con alguna colaboración, pero terminó siendo el primer álbum de duetos, cuando todavía no estaban bien vistos. De hecho el éxito de este trabajo puso de moda el formato, llegándose a grabar algunos discos con estrellas difuntas, es decir, aprovechando las pistas grabadas en vida. Algunos de los temas ya se habían lanzado como singles, siendo el más popular el interpretado junto a George Michael que alcanzó el #1 en Inglaterra y Estados Unidos. El único músico habitual de Elton John que aparece en el álbum es Guy Babylon y es uno de los tres discos entre 1983 y 2016 en que no está el guitarrista Davey Johnstone. El álbum fue Disco de Platino en Estados Unidos.

ELTON JOHN'S CHRISTMAS PARTY (2005)

Hear Music

■ Temas

1.	«Step into Christmas»	Elton John
2.	«Calling It Christmas»	Elton John con Joss Stone

Proyecto de Elton John en el que recopiló algunas de sus canciones navideñas favoritas, por lo que no se puede entender como un disco completo de colaboraciones. De las 21 canciones que compusieron la recopilación original, tan solo las dos reflejadas se consideran así, el single navideño «Step into Christmas» y otro tema a dúo con la cantante Joss Stone. En el disco hay versiones de El Vez, Chuck Berry, U2, Kate Bush, Pretenders, Eagles y The Band entre otros. En un principio se editó para venderse en la cadena de cafeterías Starbucks el 10 de noviembre de 2005, en una campaña donde se destinaban dos dólares a la Elton John AIDS Foundation. En 2006 se publicó a nivel general y por derechos de autor se apearon de la recopilación seis temas.

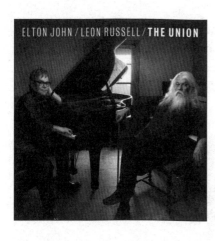

THE UNION (2010)
Mercury (Reino Unido)
Decca (EE. UU.)

■ TEMAS

1.	«If It Wasn't for Bad»	Leon Russell
2.	«Eight Hundred Dollar Shoes»	Elton John, Bernie Taupin
3.	«Hey Ahab»	John, Taupin
4.	«Gone to Shiloh» (con Neil Young)	John, Taupin
5.	«Hearts Have Turned to Stone»	Russell
6.	«Jimmie Rodgers' Dream»	John, Taupin, T Bone Burnett
7.	«There's No Tomorrow"»	John, Russell, Burnett, James Timothy Shaw
8.	«Monkey Suit»	John, Taupin
9.	«The Best Part of the Day»	John, Taupin
10.	«A Dream Come True»	John, Russell
11.	«I Should Have Sent Roses»	Russell, Taupin
12.	«When Love Is Dying»	John, Taupin
13.	«My Kind of Hell» (Solo en iTunes, Digital Deluxe LP, Deluxe CD y vinilo)	John, Taupin
14.	«Mandalay Again» (Solo en Deluxe CD y vinilo)	John, Taupin
15.	«Never Too Old (To Hold Somebody)»	John, Taupin
16.	«In the Hands of Angels»	Russell

Se trata de un disco de colaboración de los dos músicos, Elton John y Leon Russell, por iniciativa del primero que pretendía reivindicar a Russell en un momento en el que su carrera no atravesaba un buen momento. Musicalmente es el mejor disco que ha grabado Elton John desde mediados de los setenta, no ya a nivel comercial, sino en términos de calidad. Un trabajo exquisito y maravilloso en el que también colaboran Neil Young y Brian Wilson. En cuanto a las ventas, fue un revulsivo para los dos músicos, Leon Russell no tenía un disco tan exitoso desde 1972 con *Carney*, mientras que John no lo conseguía desde1976 con *Blue Moves*.

GOOD MORNING THE NIGHT (2012)

Mercury/Casablanca

■ **TEMAS**
1. «Good Morning to the Night»
2. «Sad»
3. «Black Icy Stare»
4. «Foreign Fields»
5. «Telegraph to the Afterlife»
6. «Phoenix»
7. «Karmatron»
8. «Sixty»

Se trata de un álbum de remixes de temas de Elton John, realizados por el dúo australiano Pnau, formado por Peter Mayes y Nick Littlemore. Actualmente se han transformado en trío. El disco debutó en el #1 en Inglaterra pero no tuvo ninguna trascendencia en el resto de países. Es interesante para quien guste de la música electrónica y poco más.

REVAMP/ RESTORATION: REIMAGINING THE SONGS OF ELTON JOHN & BERNIE TAUPIN (2018)

Island Records Universal

■ TEMAS REVAMP

1.	«Bennie and the Jets»	Elton John, Pink and Logic
2.	«We All Fall in Love Sometimes»	Coldplay
3.	«I Guess That's Why They Call It the Blues»	Alessia Cara
4.	«Candle in the Wind»	Ed Sheeran
5.	«Tiny Dancer»	Florence and the Machine
6.	«Someone Saved My Life Tonight»	Mumford & Sons
7.	«Sorry Seems to Be the Hardest Word»	Mary J. Blige
8.	«Don't Go Breaking My Heart»	Q-Tip y Demi Lovato
9.	«Mona Lisas and Mad Hatters»	The Killers
10.	«Daniel»	Sam Smith
11.	«Don't Let the Sun Go Down on Me»	Miley Cyrus
12.	«Your Song»	Lady Gaga
13.	«Goodbye Yellow Brick Road»	Queens of the Stone Age

■ TEMAS RESTORATION

1.	«Rocket Man»	Little Big Town
2.	«Mona Lisas and Mad Hatters»	Maren Morris
3.	«Sacrifice»	Don Henley y Vince Gill
4.	«Take Me to the Pilot»	Brothers Osborne
5.	«My Father's Gun»	Miranda Lambert
6.	«I Want Love»	Chris Stapleton
7.	«Honky Cat»	Lee Ann Womack
8.	«Roy Rogers»	Kacey Musgraves
9.	«Please»	Rhonda Vincent y Dolly Parton
10.	«The Bitch Is Back»	Miley Cyrus

11. «Sad Songs (Say So Much)»	Dierks Bentley
12. «This Train Don't Stop There Anymore»	Rosanne Cash y Emmylou Harris
13. «Border Song» Willie Nelson	

Se trata de dos discos tributo a la música de Elton John y Bernie Taupin, divididos según el sentido de la música que exponen. El proyecto fue idea de Taupin, pretendiendo juntar en un solo disco un elenco de músicos americanos que mostraran la influencia que tuvo la música de ese país en la carrera del dúo. Por correlación terminaron incluyendo temas de un sonido más pop, por lo que se optó por la separación de poderes. Elton John se encargó de recopilar el disco *Revamp* y Bernie el *Restoration*, invitando a artistas que les eran afines o ya habían grabado alguna cover. Aunque no sobresale ninguna interpretación por encima de las demás, el disco de Taupin tiene más coherencia y sentido unitario.

ANEXOS

FILMOGRAFÍA

S i la carrera musical de Elton John en estos 50 años nos ha depa-
rado una discografía oficial de 30 discos, no es de extrañar que
su videografía sea una de las más extensas de la escena musical
de su generación. John, desde el principio, apostó por el apoyo promocional de la imagen, bien fuera con sus estrafalarios disfraces en
escena o con la creación de videoclips cuando todavía no existía el
imperio de la MTV, que cambió los conceptos del mercado musical
existentes. Su primer videoclip fue del tema «Your Song» de 1970,
grabado en blanco y negro en un intento fallido de plano secuencia
(hay un par de cortes), el *playback* es lo único que funciona decen-
temente, el resto es bastante penoso, donde John parece un presentador de noticias despistado y la sombra del cámara, que podría ser
Taupin, le acompaña todo el metraje. Desde entonces no ha parado
de editar vídeos, un total de 107 videoclips musicales entre los que
se incluyen las tres piezas del concurso The Cut que hemos mencionado anteriormente, y algunos grabados en colaboraciones con
terceros, Kiki Dee, France Gall, Millie Jackson, Cliff Richards, Jennifer
Rush, George Michael, Eric Clapton, RuPaul, Marcela Detroit, Luciano Pavarotti, LeAnn Rimes, Blue, The Killers, Leon Russell, Pnau, Fall
Out Boy, con la Melbourne Symphony Orchestra, la versión de «Your
Song» grabada por Alessandro Safina para el film *Moulin Rouge* y
el videoclip benéfico «That's What Friends Are For» junto a Dionne
Warwick, Stevie Wonder y Gladys Knight. A todo ello podríamos añadir los 13 vídeo-*collages* que realizó el fotógrafo David LaChapelle
para los espectáculos de Las Vegas, *The Red Piano*.

Lo mismo ocurre con los videoconciertos, de los que podemos encontrar más de una veintena de excelente calidad, los cuales constituyen una panorámica casi perfecta de su historia musical desde la década de los ochenta. Aquí hemos seleccionado los que consideramos imprescindibles.

TO RUSSIA WITH ELTON (1979)

El formato original es el VHS aunque circulan diferentes ediciones con formatos dispares, portadas insólitas y algunas de ellas engañosas, pero con el mismo contenido. Un total de once temas en directo, con un *meddle* que incluye «Saturday Night's Alright for Fighting/Pinball Wizard». Incluye entrevistas con los protagonistas de la gira, no debemos olvidar que Elton John atravesaba una época de agotamiento y decidió emprender una gira acompañado de Ray Cooper. Fue la primera gran estrella del rock que actuó tras el telón de acero y el documento se trasforma en algo más que musical por este hecho.

IN CENTRAL PARK (1980)

Circulan numerosas versiones de este documento videográfico, pero la primera es de 1980, editado por la compañía VCL, incluyendo 95 minutos de metraje. Refleja el concierto gratuito ofrecido por Elton John en el Central Park neoyorquino el 13 de septiembre de 1980, al que asistieron cerca de medio millón de personas. Está grabado con nueve cámaras y una toma aérea desde un helicóptero que lo transforman en una filmación espectacular, apoyada por un sonido estéreo magnífico. Imprescindible.

LIVE IN AUSTRALIA (1986)

Grabación extraída del mismo concierto donde se grabó el álbum del mismo nombre. Os recomendamos esta grabación no oficial editada por Happenstance Ltd. que contiene más temas y extras teniendo una inmejorable calidad de audio y vídeo. Una primera parte dedicada a Elton John y su banda, más la segunda junto a la The Melbourne Symphony Orchestra. Un trabajo realmente fascinante.

LIVE IN BARCELONA (1992)

No se trata de uno de los mejores conciertos de Elton John, pero es el único vídeo concierto grabado en nuestro país y distribuido comercialmente. El concierto pertenece a la gira The One Tour y se grabó en el Mini Estadi del F.C. Barcelona en una noche extremadamente calurosa. Un total de 22 clásicos grabados de forma efectiva y con gran sonido. Está editado por Warner Music.

ELTON 60 - LIVE AT MADISON SQUARE GARDEN (2007)

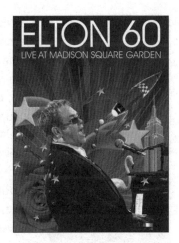

Podríamos haber recomendado el DVD *One Night Only: The Greatest Hits Live at Madison Square Garden*, de estupenda calidad y con grandes clásicos, pero nos hemos decantado por este documento porque se produce en el 60 cumpleaños del artista y coincide con la actuación 60 en el Madison Square Garden de Nueva York. Se grabó el 25 de marzo de 2007 y se editó el 2 de octubre del mismo año. El concierto es sensacional y la grabación sobresaliente, reflejando un total de 31 temas en un ambiente eufórico de banda y público. Contiene un segundo DVD con material extra que es la auténtica guinda del pastel, con un total de 24 temas extraídos de actuaciones de televisión, conciertos de la década de los setenta y ochenta que se hacen imprescindibles. Una auténtica maravilla.

En los documentales vamos a destacar tan solo dos, diferentes entre sí en concepto y resultado, pero interesantes y satisfactorios, tanto para el fan como para el neófito en Elton John.

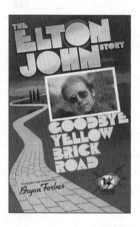

THE ELTON JOHN STORY (1973)

Editado por la compañía Arion y dirigido por Brian Forbes, es el primer vídeo oficial de Elton John. Se centra en estudiar el fulminante éxito del músico, por lo que no se refleja su caída y posterior resurgimiento, pero como documento biográfico es fundamental. Contiene entrevistas con John, Bernie Taupin, los miembros de la banda Davey Johnstone, Dee Murray y Nigel Olsson, además del productor Gus Dudgeon, el mánager John Reid y el dueño de DJM Dick James.

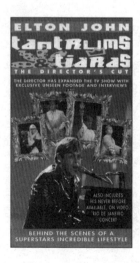

ELTON JOHN: TANTRUMS & TIARAS (1997)

Hemos hablado de este trabajo en la biografía de Elton John, pero no podemos dejarlo pasar por alto. Dirigido por David Furnish, que es su marido actualmente, es un documento extraño y muy dispar, donde se refleja la faceta más humana y desconocida de Elton John, no siempre agradable. Es un producto auténtico y muy personal. Grabado durante la gira Made in England de 1995, podemos bucear detrás de bambalinas y convertirnos en auténticos *voyeurs*, y disfrutar del concierto de Rio de Janeiro el 25 de noviembre de ese año. Documento febril, inquietante y complejo.

Esto es solo una muestra de lo que se puede encontrar en la fil-mografía de Elton John, un personaje que ha demostrado ser un amante de las cámaras, utilizándolas y dejándose querer por ellas. Por si no tienes bastante, aquí te dejamos una serie de referencias donde lo puedes encontrar:

Born to Boogie, US (1972)
Tommy, UK (1975)
The Muppet Show (1978), como invitado.
South Park (1998), como invitado.
The Simpsons (1998), como invitado.
The Road to El Dorado (2000), es el narrador.
Nashville (2016), interpretándose a sí mismo.
The American Epic Sessions (2017)
Kingsman: The Golden Circle (2017), interpretándose a sí mismo.

Además, ha trabajado en la banda sonora de estas películas:

Friends (1971)
The Muse (1999)
The Road to El Dorado (2000)
Gnomeo & Juliet (2011)
Sherlock Gnomes (2018)

LOS MUSICALES

Otra de las facetas de Elton John es la de compositor y productor de musicales, la mayoría de ellos estrenados en Broadway y exportados más tarde por todo el planeta. Esta es la relación de los musicales de Elton John.

THE LION KING
(EL REY LEÓN, 1997)

Espectáculo de teatro musical basado en la película del mismo nombre de 1994, bajo la producción de Disney Theatrical Productions y dirigido por Julie Taymor. Elton John y Tim Rice componen la mayoría de los temas de la obra, un total de nueve, pero hay otras partituras de Lebo M, Mark Mancina, Jay Rifkin, Hans Zimmer y Julie Taymor. Desde que se estrenó en el New Amsterdam Theatre el 15 de octubre de 1997, no ha dejado de representarse siendo la obra más taquillera de Broadway con más de 1.000 millones de dólares en taquilla. Se calcula que más de 95 millones de personas han visto la obra en todo el mundo, cifra que sigue aumentando porque actualmente se representa en varias ciudades, una de ellas Madrid, por lo que se calcula que puede haber recaudado nueve mil millones de dólares en todo el mundo.

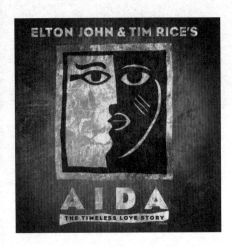

AIDA (1999)

Musical basado en la ópera del mismo nombre de Antonio Ghislanzoni con música de Giuseppe Verdi. Contiene música de Elton John y Tim Rice y es un proyecto con el que Disney Theatrical Productions quería conseguir el mismo éxito alcanzado por *El rey León*, por lo que montó el mismo equipo de composición. En Broadway se estrenó en marzo del 2000 y se mantuvo cuatro años con casi 1.900 representaciones. Aida realizó varias giras por Estados Unidos y se ha representado con franquicias en 23 países, pero nunca en el Reino Unido.

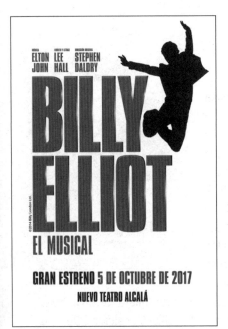

BILLY ELLIOT. THE MUSICAL (2005)

Es una adaptación de la película del mismo título del año 2000, con música de Elton John y letras de Lee Hall, guionista del film. Se estrenó en el Victoria Palace Theatre en el West End de Londres en 2005 y obtuvo un extraordinario éxito representándose hasta abril de 2016. Se realizaron producciones en 17 países siendo las más exitosas en Australia y la americana realizada en Broadway. En España se estrenó en Madrid en octubre de 2017 con la intención de aguantar un año en la cartelera del Teatro Alcalá, pero a día de hoy dispone de entradas a la venta hasta mayo de 2020.

LESTAT (2005)

Musical de Broadway inspirado en *Las crónicas vampíricas* de Anne Rice, con letras de Bernie Taupin y música de Elton John. Tuvo un breve recorrido, pues se estrenó en el Curran Theatre de San Francisco, el 17 de diciembre de 2005 y se cerró el 29 de enero de 2006. Tampoco tuvo suerte a su paso por Broadway, donde se estrenó en el Palace Theatre el 25 de marzo de 2006 y se finiquitó el 28 de mayo, con tan solo 39 actuaciones. El desastre de crítica y público llevó a que Elton John no quisiera que se publicara el álbum que contenía la banda sonora, incluso estando fabricada la totalidad de la tirada, que se destruyó.

Estos son los principales musicales donde Elton John ha estado involucrado, pero la lista de espectáculos que contienen música suya y de Bernie Taupin es más numerosa, algunos de ellos son: *Clams on the Half Shell Revue* (1975) con Bette Midler de protagonista. *Rock 'N Roll! The First 5,000 Years* (1982) *Next Fall* (2010). En colaboración con David Furnish *Everyday Rapture* (2010), *Holler If Ya Hear Me* (2014) y *Rocktopia* (2018)

ELTON JOHN AIDS FUNDATION

Y a hemos podido comprobar, durante el apartado biográfico de Elton John, que su faceta filantrópica es muy notable. Siempre ha estado dispuesto a participar en conciertos con objetivos caritativos, apoyando proyectos humanitarios o de índole social, e incluso ha puesto su profesionalidad al servicio de otras causas no tan altruistas como salvar de la bancarrota a su equipo de fútbol, el Watford Football Club, del cual se convirtió en presidente en la década de los setenta. John siempre ha sido desprendido y en ocasiones quijotesco con sus donaciones económicas, como ceder todos los derechos del single «Candle In The Wind 1997» a la asociación benéfica Princess of Wales Memorial Fund, para ver como después se convertía en el segundo single más vendido del mundo, solo superado por el «White Christmas» que grabó Bing Crosby en 1942. Ha participado en conciertos en apoyo de la lucha contra la deforestación de las selvas tropicales, para fundaciones que luchaban contra la exclusión social de menores a través del deporte, para subvencionar escuelas para niños con síndromes mentales, e incluso en el Farm Aid para ayudar a agricultores americanos que iban a perder sus propiedades a causa de una gigantesca burbuja hipotecaria. Actualmente sigue colaborando con numerosas entidades y fundaciones de carácter humanitario; algunas de ellas son Children's Tumor Foundation, Race to Erase MS, Riders for Health,

Breast Cancer Research Fund o Starkey Hearing Foundation. Sin embargo siempre será recordado por la interesante obra que lleva a cabo desde Elton John AIDS Foundation (EJAF), fundación sin ánimo de lucro que trabaja para apoyar programas innovadores de prevención del VIH, en educación, atención directa y servicios a personas que viven con VIH.

Elton John creó EJAF en 1992 en Estados Unidos y un año más tarde la inscribió en Inglaterra. La muerte el 8 de abril de 1990 del joven de 18 años Ryan White, el calvario padecido desde que a los 13 años se infectó del VIH a consecuencia de un tratamiento hemofílico habitual, debido a la ignorancia existente sobre el tema y a la poca calidad humana de autoridades y población en general, además de su aplomo y firmeza, así como su generosidad e indulgencia al perdonar a quienes le estigmatizaron, marcaron un punto de inflexión en John. La posterior muerte de su amigo y vocalista de Queen, Freddie Mercury, el 24 de noviembre de 1991 a consecuencia de una bronconeumonía agravada por el sida, fue el detonante que originó que Elton John fundara apenas un año más tarde EJAF. Desde entonces la fundación ha recaudado cerca de 500 millones de dólares, que se distribuyen en subvenciones a unas 150 organizaciones cada año, entre las que destaca People With Aids (PWA) que trabaja sobre la prevención, tratamiento y educación. Dentro de los proyectos de mayor envergadura cuentan con un programa especial para la investigación del sida en colaboración de los gobiernos británico y del reino de África Austral Esuatini (Suazilandia); un programa piloto de atención a las mujeres embarazadas en el pequeño país africano de Lesotho, que mantiene un índice de infecciones del VIH por encima del 25% de la población, más un trabajo de campo con el The International Observatory on End of Life Care, que estudia y revisa los cuidados paliativos y el tratamiento de la muerte con dignidad en zonas del planeta desfavorecidas.

La fundación se financia a través de donaciones voluntarias y con la organización de eventos, entre los que destaca desde hace 27 años la celebración de Elton John AIDS Foundation Academy Award Party, cena de gala que coincide con la celebración de los Premios de la Academia de Cine de Hollywood y que en esta última edición ha recaudado 6,3 millones de dólares. En dicho evento se visualiza en directo la entrega de los Óscar, se realiza una subasta de material

diverso que en esta edición ha tenido como lote estrella un piano Yamaha firmado por Elton John, más actuaciones musicales capitaneadas por el grupo The Killers. Como curiosidad en la 27.ª edición de la fiesta, Elton John y Taron Egerton, actor que protagoniza el biopic *Rocketman*, interpretaron juntos el tema «Your Song». Elton John AIDS Foundation es junto con The Mercury Phoenix Trust, fundación creada por los miembros de Queen y The Foundation for AIDS Research, concebida por Elizabeth Taylor, una de las instituciones no gubernamentales más importantes en la lucha contra el sida, con el objetivo de encontrar la cura antes de 2030. Más información:

http://newyork.ejaf.org/

https://london.ejaf.org/

EL HOMBRE DE LOS MIL DISFRACES

Si has llegado a este punto del libro siguiendo el orden que te hemos mostrado, es fácil que hayas alcanzado la misma conclusión que nosotros: Elton John padecía desde muy joven un complejo de inferioridad galopante, que condicionó muchos aspectos de su vida adulta. Cualquier psicoanalista o psicólogo que se precie nos indicaría que ese complejo es un sentimiento que nos provoca la creencia de que como individuos somos de menor valor que el resto de semejantes. Por norma general se trata de un reflejo mental creado por nuestra mente que proyectamos en nuestra personalidad, impregnando una imagen distorsionada de nuestro yo. Algunos complejos de inferioridad se traducen precisamente en lo contrario, en un transfondo prepotente y autoritario, pero la gran mayoría son lacras que se arrastran con mayor o menor medida a lo largo de la vida y que nos muestran débiles y vulnerables ante el prójimo. Una posible defensa es crear una personalidad superpuesta que esconda el auténtico miedo, la verdadera inquietud, desasosiego y alarma.

Todos estos complejos se cimentan en la infancia y básicamente con la falta de educación y cariño de las principales figuras de apego, los padres. En esa época estamos forjando la manera de ver el mundo y al mismo tiempo construimos la manera de vernos a nosotros mismos, gestionando un caché de autoestima que es primordial para el futuro.

Es precisamente ahí donde le falló todo al joven Reg, dividido entre una educación matriarcal y extremadamente protectora que intentaba paliar la ausencia permanente de la imagen paterna; figura que al mismo tiempo pretendía justificar su abandono protector con grandes dosis de educación represiva y dictatorial, provocando un cambio de sentimientos que fueron de la añoranza al rechazo. La escasez de amigos en la época escolar, acompañado de una reclusión aceptada bajo la protección de madre y abuela, le dejó como única vía de comunicación con el exterior la música, disciplina donde Reg se sentía completamente seguro de sí mismo. A todo ello debemos añadir que físicamente no se veía normalizado y por lo tanto en desventaja o inferior. Reg siempre asumió que era demasiado bajo, excesivamente rechoncho y con un problema grave de alopecia a muy temprana edad.

Por otro lado, desde muy joven, le gustó ser el centro de atención de las fiestas familiares, donde protegido por el piano no tenía reparos, según su madre, en hacer el payaso. Su autodeterminación por tocar fuera como fuese, le llevó a comenzar una residencia como pianista de cervecería con tan solo 15 años en el pub del Northwood Hills Hotel de Pinner, pero ahí no estaba su familia de público, tenía que lidiar con todo tipo de especímenes macerados en alcohol, que tardaron muy poco en pasar del estupor de ver a un niño tocando, a la falta de respeto por el pianista.

De la necesidad de protegerse de los acólitos de la pinta caliente surgió una de las primeras obsesiones del joven Reg, las gafas. Reg sentía admiración por Buddy Holly como músico y se enamoró de

las lentes de hípster que llevaba, hasta tal punto que se las compró, «comencé a usarlas todo el tiempo y por eso mis ojos empeoraron y terminé por necesitarlas». Al igual que Clark Kent se convierte en Superman cuando se quita las lentes, Reg encontró al ponérselas un inhibidor de su propia kriptonita, su complejo de inferioridad. A modo de antifaz y protección comenzó a utilizar gafas habitualmente y en la época de Bluesology ya las necesitaba para subir a un escenario. Al iniciar su colaboración con Bernie Taupin y plantearse su carrera como profesional, el disfraz se transformó en todo un personaje. Primero, cambiando su nombre por el de Elton Hercules John, erradicando cualquier reliquia del pasado y más tarde configurando el atuendo perfecto para dicha figura, indumentaria variada que se convertiría en uno de los iconos más representativos de su carrera.

Para los primeros *shows* de Elton John en abril de 1968 el atavío procedía de tiendas de segunda mano, rastros y trapos que encontraba por cualquier lado. No terminaba de ser demasiado llamativo, pero su madre era la que colocaba algún bordado que otro, tuneando una nueva personalidad poco a poco. Para paliar otro de los puntos débiles que John se encontraba, la altura, comenzó a utilizar botas de tacón excesivo de la tienda Gohill's del Camden londinense. El 25 de agosto de 1970, el día de su debut en The Troubador, Elton ya ofreció una muestra de lo que se avecinaba, presentándose con una

camisa estampada de estrellas, un peto tejano ajustado y unas botas con amplia plataforma y jaspeadas de luceros. Las gafas comenzaban a ser más grandes de lo habitual y de colores chillones.

A medida que su popularidad se iba acrecentando y sus conciertos desprendían crónicas de cabaret alocado, extravagancia y enorme diversión, Elton John comenzó a profundizar en los disfraces, añadiendo ropa y botas de la *boutique* Mr. Freedom, muy popular en Kensington Church Street de Londres. En sus primeras giras por Japón y Australia lucía modelitos muy americanos, camisetas estampadas con las barras y estrellas, así como sombreros de ala ancha.

El primer salto importante en el vestuario se comenzó a vislumbrar a mediados de 1972, cuando Anett, esposa del bajista Dee Murray va de gira con ellos como modista, para arreglar todos los descosidos que la ropa de Elton sufre en las actuaciones. Elton le pide que coloque parches y lentejuelas para hacer los trajes más llamativos y personales. Anett tunea todo lo que cae en sus manos e incluso improvisa piezas que John luce sobre el escenario: «Una vez le hice una capa de satén amarillo con una gran E cosida con lentejuelas», recuerda Anett. «Creo que la usó en el Royal Festival Hall en 1971. ¡Estaba tan impresionada porque usaba mi capa!».

John pretendía ir más allá y contrató los servicios de Annie Reavey, profesional del textil que diseñó casi una veintena de trajes para Elton John entre 1972 y 1974. De su imaginación surge uno de los primeros iconos del fondo de armario de John, un conjunto de pantalón y cazadora verde fosforescente, sobre el que figura la palabra Hércules en cada pernera del pantalón, John en la espalda y Elton en la delantera, con un tono rosa que ofende a la vista. Esta chaqueta permanece expuesta en el Rock'n'roll Hall Of Fame de Cleveland. También creó piezas muy originales como la cazadora de cuero blanca recargada de plumas en los hombros que lució en 1973.

Pero si tenemos que hablar de un diseñador que comprendió la idiosincrasia del personaje y supo plasmar lo que John pretendía conseguir, debemos mencionar a Bob Mackie, quien trabajó con John en la segunda mitad de los setenta y casi toda la década de los ochenta. Mackie era el diseñador de Cher y Elton se puso en contacto con él con la premisa de que hiciera con su personaje el mismo trabajo que con la diva. Bob incorporó todo tipo de materiales para construir la imagen más divertida del rock hasta la fecha, para ello usó capas, plumas, lentejuelas, sombreros de todo tipo, tacones, plataformas y utensilios de difícil catalogación. Son suyas algunas de las creaciones más singulares y conocidas de Elton John, como por ejemplo el disfraz de jugador de béisbol que llevó en los históricos conciertos del estadio de los Dodgers de Los Ángeles, un traje todo cargado de lentejuelas desde las botas a la gorra y con ELTON a la espalda con el #1. El disfraz de pato Donald usado en Central

Park en 1980 que le trajo algún que otro disgusto, al no haber ensayado con él y no saber andar sobre el escenario con los zapatos en forma de pata de pato y algo más importante, no poder sentarse cómodamente al piano. «Cuando intenté sentarme, el enorme trasero me inclinó tanto hacia delante que mi nariz se clavó al piano. Fue un desastre», como recuerda Elton John, se pasó casi todo el concierto en cuclillas. Otros
disfraces de Mackie son el espectacular diseño de 1984 llamado Pantomime Dame, la cabeza de Torre Eiffel de París en 1988 y el traje de Amadeus Mozart de la gira australiana de 1986.

Tampoco trabajó en exclusiva con Mackie y en las dos décadas mencionadas, se vistió con proyectos del norteamericano Bill Whitten, famoso por haber creado la imagen de Michael Jackson con una

sola mano enguantada. Una de sus creaciones más celebradas fue la
de Tio Sam, su Elton Punk con cresta rosa para la gira australiana de
1986, la estética y vestimenta del Captain Fantastic Tour o la puesta
en escena de los conciertos del décimo aniversario de su debut en
The Troubadour, con un disfraz mezcla de Carmen Miranda y el car-
naval de Nueva Orleans.

Otro de los diseñadores con los que trabajó fue Tommy Nutter,
responsable de la portada de Greatest Hits de 1974 y el proyecto
en blanco y negro de su concierto Night And Day del Wembley Stadium de 1984.

Cuando Elton John rompe con su pasado e inicia una nueva etapa más sobria en 1988 con el disco *Reg Strikes Back*, donde muestra toda su colección de trajes que luego subastaría, se produce un
cambio en los colaboradores de su fondo de armario. El más importante sería Gianni Versace que diseñó todo el vestuario y la escenografía de la gira de *The One*, así como el *word art* del disco en 1992.
Además, Versace diseñó un vestuario exclusivo que John utilizó fuera del escenario, como una serie de trajes de material parecido al
látex y en colores chillones como rojo, rosa, amarillo, verde pistacho
e incluso blanco nuclear. El vestuario que lució en el concierto Tributo a Freddie Mercury, en la actuación en París junto a Queen o en el
sepelio de Lady Di, fueron obra de Gianni Versace.

Entre 2003 y 2010 fue el diseñador Yohji Yamamoto quien se encargó de los trajes de escenario de John, destacando los utilizados en la residencia de Las Vegas The Red Piano. Trajes generalmente oscuros pero con grandes bordados de colores, mezclando sobriedad y ese componente de locura que siempre he esgrimido Elton John.

Para su gira de despedida Farewell Yellow Brick Road, todo el vestuario ha sido diseñado por Alessandro Michele, uno de los mejores creativos de la marca Gucci. Michele ha creado 30 trajes diferentes para todo el *tour*, que incluirá tres cambios de vestimenta por actuación. Trajes donde el poder de la lentejuela vuelve a dominar, pero sin la extravagancia de la década de los setenta. Trajes, zapatos y gafas, todo creado para la ocasión.

Las gafas siempre han sido otro complemento esencial en la personalidad de Elton John y se reconoce un coleccionista compulsivo de ellas. Cuentan que su colección sobrepasa los 250.000 pares de anteojos. Ha utilizado de grandes tamaños, rediseñadas con plumas, lentejuelas, algunas con limpiaparabrisas incorporados, otras de neón, con psicodélico luminoso, con alas, con tijeras, hasta modelos diseñados en exclusiva para él por marcas como Gucci, Chanel y Marc Jacobs. Elton John fue nombrado el «usuario de gafas más emblemático de Gran Bretaña», y su obsesión por el complemento le ha llevado a alquilar habitaciones solo para los modelos que llevaba de gira, exigiendo que la temperatura de la misma tuviera unos determinados grados para que, supuestamente, no sufrieran ningún daño. «Con cada forma, tamaño, estilo y color, logro mantener las cosas interesantes y fabulosas, mientras creo una apariencia que es completamente única», explicaba Elton John, de la misma forma que justifica el porqué de usar disfraces desde el inicio de su carrera. «Cualquier buen disfraz te hace sentir listo para actuar. Llego a un lugar, tomo una siesta, me levanto y me pongo mi atuendo. En ese momento me convierto en Elton John. Cuando me lo quito todo, la magia vuelve a desaparecer. Cuando estoy fuera del escenario no soy Elton.» Como decíamos al principio, una armadura, una coraza, una protección, tras la que ocultar su verdadera identidad.

CONCIERTOS MEMORABLES

E lton John ha realizado en sus 50 años de carrera musical más de 3.000 conciertos, sin contar los que ha podido efectuar de invitado de otros artistas. Tampoco debemos olvidar que ha sido alabado por sus actuaciones desde los inicios y aunque ha podido tener algunas lagunas oscuras en su trayectoria, la media general ha obtenido una nota de sobresaliente. Definir cuáles son los mejores conciertos de Elton John es una labor imposible, pero no tanto confeccionar una lista de algunas actuaciones memorables de su carrera. Por diferentes motivos de importancia y calidad, aquí te enfrentas a una pequeña selección de cinco *shows* que seguro que te pondrán los dientes largos, si no eres tan afortunado como para haber podido asistir a alguno de ellos.

THE TROUBADOUR, LOS ÁNGELES 25.08.1970
Se trata del primero de 14 conciertos de presentación de Elton John en Estados Unidos, actuaciones que pasaron a la historia por convertir *ipso facto* a un músico desconocido en una leyenda de la música. La primera actuación de Elton John en The Troubadour está considerada como uno de los mejores conciertos de la historia. John, acompañado por Nigel Olsson a la batería y Dee Murray al bajo, venían de haber realizado casi una veintena de actuaciones en Europa, dentro del Elton John 1970 World Tour y se presentaron con un sonido sólido y perfectamente planificado.

Neil Diamond fue el encargado de introducir a Elton John en la residencia de The Troubadour; subió al escenario y presentó: «Amigos, nunca he hecho esto antes, así que por favor sean amables conmigo. Estoy aquí como el resto de ustedes por haber escuchado el álbum de Elton John. Así que ahora voy a tomar asiento con ustedes y disfrutar del espectáculo». El *set list* de aquella noche lo formaron los temás «Your Song», «Bad Side of the Moon», «Sixty Years On», «I Need You to Turn To», «Border Song», «Country Comfort», «Take Me to the Pilot», la versión de The Rolling Stones «Honky Tonk Women» y «Burn Down the Mission» mezclado con «Get Back» de The Beatles. Nada volvió a ser igual.

MADISON SQUARE GARDEN, NUEVA YORK 28.11.1974

En septiembre de 1974 comenzó el Elton John Band Tour 1974, el más grande montado hasta la fecha con un total de 45 conciertos en 31 ciudades con todas las entradas agotadas. En algunas ciudades el público acampó durante semanas en las taquillas de los recintos para poder conseguir alguna entrada. El concierto más importante de la gira fue el del Día de Acción de Gracias en el Madison Square Garden de Nueva York, donde John Lennon actuó junto a la Elton John Band. John había colaborado con Lennon en la grabación de *Walls And Bridges*, el álbum que ese mismo año se grabó en los estudios Record Plant. Elton tocó el piano en «Whatever Gets You Thru The Night» y «Surprise Surprise (Sweet Bird Of Paradox)», la grabación del primer tema le entusiasmó y le dijo a Lennon que sería un #1. El ex Beatle le

aseguró que si lo conseguía subiría a tocarla con él en directo en el concierto del Madison. El single alcanzó el #1 y ese día Lennon fue invitado por Elton John en una actuación histórica. Lennon recordaba el hecho de que Elton quería cantar «Imagine», a lo que replicó: «yo no quería aparecer como Dean Martin haciendo mis éxitos clásicos. Yo quería divertirme un poco, tocar algo de rock and roll y no quería hacer más que tres canciones, porque después de todo era el *show* de Elton». Finalmente interpretaron juntos «Whatever Gets You Thru The Night», «Lucy In The Sky With Diamonds» y «I Saw Her Standing There», precisamente fue Lennon el encargado de presentar la última canción: «Me gustaría dar las gracias a Elton y los chicos por invitarme esta noche. Pensamos en una canción para terminar y con la que pueda salir de aquí..., y creímos que sería mejor hacer una canción de un viejo, y alejado novio mío, llamado Paul. Este es uno que nunca canté, es un antiguo tema de los Beatles, y casi todos la conocen». Al terminar el concierto, Lennon declaró a los periodistas: «Fue divertido, pero no me gustaría hacerlo para ganarme la vida. No estoy en contra de las actuaciones en vivo, pero no tengo un grupo y no he subido a un escenario con un grupo. No estoy interesado en ello ahora mismo, pero podría cambiar de opinión». Esa fue la última vez que John Lennon se subió a un escenario. La grabación de esta actuación configura la cara B del álbum en directo *Here And There*.

Esa noche Yoko Ono estaba de público y al terminar el bolo accedió al *backstage* con una invitación de John Reid, para encontrarse con Elton, pero también lo hizo con Lennon en un momento que la pareja estaba separada; al parecer ese encuentro propició una nueva unión, que duraría hasta el asesinato de Lennon.

DODGER STADIUM, LOS ÁNGELES 25/26.10.1975

Los días 25 y 26 de octubre se celebraron las dos actuaciones histó-ricas de Elton John en el Dodger Stadium de Los Ángeles, conciertos de más de tres horas de duración que marcaron el final de una épo-ca en la que Elton John llegó a ser tan importante como el propio Elvis, al menos en Estados Unidos, además de ser el músico que más discos vendía en el planeta. Las actuaciones estaban enmarcadas en el Elton John Week que la ciudad de Los Ángeles había proclamado para homenajear al músico. Para la ocasión se buscó otro cartel de lujo, comenzando las actuaciones Emmylou Harris, James Gang y Joe Walsh. A las 16:30 se separaron las cortinas blancas que tapaban el escenario y sonaron las notas de piano de «Your Song» con Elton John solo con su instrumento, vestido con un traje de jugador de béisbol, estucado de swarovskis hasta la gorra azul, brillando con

el reflejo del sol de California y con el #1 y el nombre de Elton a la espalda. La banda estaba per-fectamente rodada y el repertorio escrupulosamente escogido para alcanzar el cielo, con invitados a los coros como Bernie Taupin, la tenista Billie Jean King, entrena-dora de John y pionera defensora de la igualdad de género, y el coro James Cleveland de 35 miembros que ayudó a finalizar el concierto. Dos noches con 55.000 personas por concierto, que fueron filma-dos por la televisión británica, en lo que todavía hoy se considera una de las mejores actuaciones de Elton John. Fue la primera vez

que un artista de pop actuó en el Dodger Stadium, desde que lo hicieron The Beatles el 28 de agosto de 1966, aunque no consiguieron un lleno tan absoluto. El *set list* de los dos conciertos estaba compuesto por «Your Song», «I Need You to Turn To», «Border Song», «Take Me to the Pilot», «Dan Dare (Pilot of the Future)», «Country Comfort», «Levon», «Rocket Man (I Think It's Going to Be a Long, Long Time)», «Hercules», «Empty Sky», «Funeral for a Friend/Love Lies Bleeding», «Goodbye Yellow Brick Road», «Bennie and the Jets», «Harmony», «Dixie Lily», «Captain Fantastic and the Brown Dirt Cowboy», «Bitter Fingers», «Someone Saved My Life Tonight», «The Bitch Is Back», «Don't Let the Sun Go Down on Me», «(Gotta Get A) Meal Ticket», «Lucy in the Sky With Diamonds (The Beatles cover)» , «I Saw Her Standing There (The Beatles cover)» , «Island Girl», «Philadelphia Freedom», «We All Fall in Love Sometimes», «Curtains», «Tell Me When the Whistle Blows» y «Saturday Night's Alright for Fighting». En estos conciertos se puede apreciar a un Elton John muy delgado, marcado excesivamente por la bulimia y el consumo desmesurado de drogas. Tras esas dos actuaciones John cometió el segundo intento de suicidio en la piscina de su mansión, en uno de los puntos más negros de su biografía.

THE ONE TOUR 1992.
MINI ESTADI, BARCELONA 21.07.1992

Se trata de la primera gira en más de dos décadas en que Elton John estaba sobrio y alejado de las drogas, en un *tour* excesivamente largo, como si pretendiera terminar de limpiarse a base de actuar. De hecho, antes de que finalizara la gira volvería a Barcelona, el 7 de junio de 1993 en el Palau Sant Jordi. Este concierto era especial ya que se enmarcaba dentro de las celebraciones de bienvenida a los Juegos Olímpicos que comenzarían a escasos días. El telonero para la ocasión fue Charly García y la Cadena 40 Principales emitiría el concierto íntegro, retransmitido por Julián Rúiz y Jordi Casoliva, cerrando una semana de programación especial sobre Elton John. La entrada fue impresionante aunque no se agotaron las localidades y el mismo día del concierto algunas emisoras de radio regalaron entradas solo por llamar a un teléfono. El estado de forma de Elton John era soberbio y la escenografía diseñada por Versace redondeaba el espectáculo, en uno de los acontecimientos preolímpicos que más público atrajo. El repertorio fue idéntico al resto de la gira con 22 temas que configuraban un *show* de dos horas de música y que tuvo su momento más emotivo cuando Elton John rindió homenaje a su amigo Freddie Mercury y mencionó la relación que mantuvo con la ciudad de Barcelona, tras lo que interpretó el tema «The Show Must Go On», única versión de todo el espectáculo.

ESTADIO DE BOCA JUNIORS, LA BOMBONERA, BUENOS AIRES 22.06.2009

Tras 16 años de la última visita a Argentina, Elton John aterrizó con la que para muchos ha sido la mejor gira desde su rehabilitación, Rocket Man: Greatest Hits Live Tour 2009. Con un repertorio de 24 temas basado en el recopilatorio recientemente editado *Rocket Man - The Definitive Hits*, que reúne los mejores temas de su carrera o al menos los más populares, «Funeral for a Friend/Love Lies Bleeding», «The Bitch Is Back», «Madman Across the Water», «Tiny Dancer», «Levon», «Believe», «Take Me to the Pilot», «Goodbye Yellow Brick Road», «Daniel», «Rocket Man (I Think It's Going to Be a Long, Long Time)», «Honky Cat», «Sacrifice», «Don't Let the Sun Go Down on Me», «I Guess That's Why They Call It the Blues», «Sorry Seems to Be the Hardest Word», «Candle in the Wind», «Bennie and the Jets», «Sad Songs (Say So Much)», «Philadelphia Freedom / Day Tripper», «I'm Still Standing», «Crocodile Rock», «Saturday Night's Alright for Fighting», «Can You Feel the Love Tonight» y «Your Song». En el cuarto tema del repertorio Elton John incluyó varias estrofas del tema principal de la ópera rock *Evita*, «Don´t cry for me, Argentina!», escrita por Andrew Lloyd Webber y su amigo Tim Rice.

La banda de esta ocasión estaba formada por Davey Johnstone (guitarra y voces), Guy Babylon (teclados), Bob Birch (bajo y voces), John Mahon (percusión y voces) y Nigel Olsson (batería y voces). Más de 25.000 espectadores que no llegaron a colgar el cartel de *sold out*, pero que configuraron un coro de lujo para la retransmisión en directo del concierto a través de la emisora Pop Radio.

Gracias al artículo del diario argentino *La Nación* podemos descubrir la faceta excéntrica y algo neurótica de John, común a muchas estrellas del rock y del pop. Elton se alojó en el Hotel Park Hyatt y ordenó que se realizaran una serie de arreglos florales en el *living* mientras durara su estancia; rosas y orquídeas, cuatro palmeras, ficus y otra serie de plantas de más de dos metros de altura. Las habitaciones deberían tener floreros con piedras de colores en su interior y conteniendo cada uno de ellos cinco rosas rojas y dos blancas, con la exigencia de que los tallos no tengan hojas ni espinas y midan exactamente 122 milímetros. Una de las habitaciones fue destinada solamente para ubicar sus trajes, gafas y accesorios personales. El agua nada más podría ser de las marcas Evian y San Pellegrino y todas las estancias debían tener todos los periódicos locales y ejemplares de las ediciones de *USA Today* y *The New York Times*. En el colmo de la extravagancia bizarra obligó a que siempre hubiera música por donde quiera que pasara, forzando al hotel a colocar equipos estéreos a lo largo de todas las dependencias del hotel. Curiosidades de uno de los personajes más extravagantes del rock, situaciones y exigencias innecesarias de divo abizarrado... Menos mal que siempre nos quedará la música.

ROCKETMAN, LA PELÍCULA

Rocketman es un proyecto cinematográfico que tiene muchos puntos de encuentro con la oscarizada *Bohemian Rhapsody*, biopic de Freddie Mercury que se ha convertido en la película musical más taquillera de la historia. Tal y como le sucedió al proyecto de Brian May y Roger Taylor, esta incursión cinematográfica de Elton John y Bernie Taupin se ha tropezado con numerosos problemas hasta llegar a su finalización. Se conocieron las primeras noticias de la aventura en el celuloide en enero de 2012, cuando el propio interesado lo anunció como uno de sus proyectos más interesantes para un futuro cercano que ha tardado en materializarse siete años. En un principio, las riendas del film estaban a cargo del director australiano Michael Gracey, algo que sorprendió, ya que todavía no había ejercido de director en ningún film, basando su trabajo como responsable de efectos especiales, no debutando tras la butaca de director hasta 2017 con *The Greatest Showman*. El actor británico Tom Hardy, que ya había trabajado en *Band of Brothers*, *Black Hawk derribado* y *Star Trek: Némesis*, era el encargado del personaje de Elton John, incluso pasando por encima del criterio del propio John que deseaba que fuera Justin Timberlake el encargado, quien ya se enfundó en la piel de John en el videoclip de «This Train Don't Stop There Anymore» y con el que le une una gran amistad. El guión correría a cargo de Lee Hall, quien ya trabajó con Elton John en *Billy Elliott The Musical* y fue el guionista de la película del mismo nombre. Todo estaba cerra-

do y se firmaron los derechos de distribución en Estados Unidos con Focus Features, planeando el estreno para otoño de 2014. «Va a ser una mirada surrealista a mi vida, no una simple visión objetiva, sino algo más en plan *Moulin Rouge!* No quiero que sea un biopic corriente porque mi vida no ha sido así. Y solamente llega hasta mi entrada en rehabilitación en 1990. Empieza conmigo entrando y termina cuando salgo», declaraba John en rueda de prensa el 2 de enero de 2012, mientras que la productora añadía «contendrá coreografías de las famosas canciones de John, que llevarán al público desde la infancia del músico, pasando por su larga relación artística con el letrista Bernie Taupin y hasta su ascenso a la fama y la riqueza».

Todo esto se frustró, sin que se sepan las razones o motivos, retrasando la producción más de cuatro años y con un auténtico tsunami en el equipo de rodaje. Se cambió al protagonista, y pasó a ser Taron Egerton (*Kingsman: The Secret Service, Kingsman: The Golden Circle* donde trabajó con Elton John, *Legend, Eddie the Eagle* y *Robin Hood*) el encargado de inmortalizar a Elton John. El director se sustituyó por Dexter Fletcher, quien finalizó la película *Bohemian Rhapsody* después de que Brian May despidiera al director Bryan Singer por un escándalo sexual, y finalmente la distribuidora es Paramount Pictures. Taron Egerton canta todas las canciones del film y según el propio John: «No creo que haya escuchado a nadie cantar mis canciones mejor que Taron. No creo que haya nadie en el mundo que pueda haber interpretado a Elton, es el papel de Taron». Los principales papeles del reparto quedan designados de la siguiente manera: Taron Egerton como Elton John, Jamie Bell como Bernie Taupin, Richard Madden como John Reid, Bryce Dallas Howard como Sheila Eileen.

Podemos destacar que la estética y ambientación están muy lo-
gradas, al igual que son impactantes las imágenes bastante oníricas
de uno de los intentos de suicidio de Elton John. Nadie espera que
refleje fielmente la realidad y se puede especular con un producto
destinado al consumo familiar, como fue *Bohemian Rhapsody*, aunque Elton John, un personaje que nos tiene acostumbrados a grandes cambios y catarsis personales muy profundas, nos puede volver
a impresionar. Cada uno sacará su propia conclusión, sabiendo que
tiene asegurado el éxito en taquilla, mientras tanto, te puedes su-
mergir en este libro.

BIBLIOGRAFÍA

ALDRIDGE, ALAN; DEMPSEY, MIKE & TAUPIN, BERNIE, *Bernie Taupin: The One Who Writes The Words For Elton John*. Alfred A. Knopf, Inc., 1976.

BLACK; SUSAN, *In His Own Words*. Omnibus Press, 1993.

BERNARDIN, CLAUDE & STATON, TOM, *Rocket Man (The Encyclopedia Of Elton John)*. Greenwood Press, 1996.

BUCKLEY, DAVID, *Elton the Biography*. André Deutsch, 2007.

CRIMP, SUSAN & BURSTEIN, PATRICIA, *The Many Lives Of Elton John*. Carol Publishing Group, 1992.

CRIMP, SUSAN & BURSTEIN, PATRICIA, *Elton John Rocket Man*. Hannibal, 1994.

ESCRIHUELA; JM, *Elton John*. Edicomunicación, 1986.

FLYNN, PAUL, *Dream Ticket*. HST Management, 2004.

GAMBACCINI, PAUL, *A Conversation With Elton John and Bernie Taupin*. Gage Publishing Limited, 1975.

HAYWARD, KEITH, *Tin Pan Alley: The Rise Of Elton John*. Soundcheck Books, 2013.

HEATLEY, MICHAEL, *The Life and Music of a Legendary Performer*. CLB International, 1998.

JACOBS, LINDA, *Reginald Dwight And Company*. EMC Corporation, 1976.

JOHN, ELTON, *Love Is the Cure: On Life, Loss, and the End of AIDS*. Hodder Stoughton Ltd. 2012.

MENAGER, SYLVANE, *Music Number One*, New Press, 1982.

MONTES, JM, *Elton John*. Ediciones Júcar, 1998.

NORMAN; PHILIP, *Elton John The Biography*. Harmony Books, 1991.

NORMAN, PHILIP, SIR ELTON. *The Definitive Biography*. Carroll And Graf, 2000.

NUTTER, DAVID, *It's A Little Bit Funny*. Penguin Books, 1977.

PEEBLES, ANDY, *The Elton John Tapes*. St. Martin's Press, 1981.

PICAUD, LOÏC, *Elton John*. Editions Des Etoiles, 2011.

RADNOR, ALAN, *Elton John Showman*. Quill Books, 1976.

ROLAND, PAUL, *Elton John*. Proteus Books, 1984.

STEIHN, CATHI, *Elton John*. Futura Publications Limited, 1975.

TATHAM, DICK & JASPER, TONY, *Elton John*. Octobus Books Limited, 1976.

TATHAM, DICK & JASPER, TONY, *Elton John (Story Of Rock Special)*. Phoebus Publishing Co. 1978.

TAUPIN, BERNIE, *Burning Cold*. Harmony Books, 1978.

TAYLOR, PAULA, *Elton John*, Creative Educational Society, 1975.

TOBERMAN, BARRY, *Elton John A Biography*. Wiedenfeld & Nicolson, 1988.

TOBLER, JOHN, *25 Years In The Charts*. Hamlyn, 1995.

REVISTAS Y PERIÓDICOS

Melody Maker, 1970, 1973, 1974, 1976

Phonograph Record Magazine, 1970

Sounds, 1970, 1974

Record Mirror, 1971, 1972, 1973, 1974, 1976

Disco 45, 1971

Music Now, 1971

New Musical Express, 1971, 1974, 1975, 1978, 1995

Time Out, 1975, 2004

Rock, 1971, 1972

Rolling Stone, 1971, 1973, 1974, 1976, 2003, 2011

Los Angeles Flyer, 1971

Gosset, 1971

Disco Express, 1972, 1975, 1977, 1978

ZigZag, 1972

Record World, 1973

Muzak, 1973

Circus, 1973, 1978

Super Sound, 1974

Vibraciones, 1975, 1977, 1979

The Star, 1975

The Daily Telegrah, 1976

Rock & Folk, 1977

Popster, 1978

International, 1981, 1983

Historia de la Música Rock, 1981

El País, 1983, 1990, 1991

El Gran Musical, 1984

The Music Paper, 1988

Sunday, 1989

CD Review, 1989

CD Mag, 1990

El Dominical, 1995

Ajoblanco, 1995

The Sunday Times Magazine, 1997, 2009

La Revista de El Mundo, 1997

Daily Star, 1997

Blanco y Negro, 1997

Billboard, 1997, 2005, 2015, 2018

Grammy Magazine, 2001

Uncut, 2001

Le Monde, 2004

Go, 2005

Discussions, 2009

La Nación, 2009

The Independent, 2009

Record Collector, 2018

INTERNET

www.eltonjohn.com
newyork.ejaf.org
www.ibdb.com
www.mixonline.com
www.themillrecordingstudio.com
www.eltonography.com
tworoomsejbt.wordpress.com
www.rocketmusic.com
historia-biografia.com
www.udiscovermusic.com
www.europapress.es
www.eltonjohnworld.com
www.rodstewart.com
www.allmusic.com
es.in-edit.org
www.plasticosydecibelios.com
www.georgemichael.com
liveaid.free.fr
www.bobgeldof.com
www.berniejtaupin.com
www.bbc.com
www.paramount.com
www.thewaltdisneycompany.com

LISTA DE SPOTIFY

ROCKETMAN

https://open.spotify.com/user/bad-music/playlist/5WUyXJdacIF4ufNhb-6jPZl?si=heDST7dBSY6UqO-mVREhfw

El complemento perfecto para *Bohemian Rhapsody*, la excepcional película biográfica sobre su vida

Luca Garrò

FREDDIE
MERCURY

La historia del gran mito del rock en un libro sorprendente

MA
NON
TROPPO

Manuel López Poy

Mitos del Rock & Roll

PINK FLOYD

Vida, canciones, simbología, conciertos clave y discografía

MA
NON
TROPPO

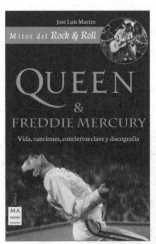

José Luis Martín

Mitos del Rock & Roll

QUEEN
&
FREDDIE MERCURY

Vida, canciones, conciertos clave y discografía

MA
NON
TROPPO

Manuel López Poy

Mitos del Rock & Roll

Bob
Dylan

Vida, canciones, compromiso, conciertos clave y discografía

MA
NON
TROPPO